GRAPE
FARM

この春で退官する先生の研究室は、長年の煙草の煙でいぶされきっていた。書棚の本も、背表紙の色と表紙の色が、まるで違っている。

「備品でも本でも、持っていっていいよ、学部のもの以外は」の言葉に惹かれ、研究室を引き払う手伝いに来たのだ。

ゆえに、先生の家に送る箱とは別に、自分の名前を書いたダンボール箱をわきに置いて、めぼしいものはどんどん放り込んでいく。先輩に取られないうちに、と、焦りながら、書棚から本をひっぱりだす。なかば競争、争奪戦である。

そんなふうにつかみ取った数冊のなかに1冊、法学部には場違いなものがあった。

詩集だ。

付箋が入ったページを開くと、こうあった。

真実をそっくり語りなさい、しかし斜めに語りなさい――
成功はまわり道にあります
わたしたちのひ弱な喜びには明るすぎます
真実のもつ至高の驚きは

丁寧に説明すると
子供たちも稲光りが怖《こわ》くなくなるように
真実はゆっくりと輝くのがよいのです
さもないと誰もかも目がつぶれてしまいます――

エミリー・ディキンソン。
不思議な秘密の館に閉じこもって、詩を書いていた女性だ。
いや、私はなぜ「それ」を知っているのだろう？
頭のなかをかき回してみると、1冊の絵本が記憶のなかから浮上した。

『エミリー』という絵本だ。

主人公である女の子の家の近所に、不思議な屋敷がある。
その家には、神秘的な人物が住んでいるらしい。
「らしい」というのは、その人が、ほとんど姿を見せないからだ。
でもときどき、白いドレスをまとったその人が、庭に出るのが見えるという。
ある日、主人公は、その家に入れることになった——

そうだ、思い出した。あの絵本のモデルが、ディキンソンだったのだ。
白いドレスの、謎の女性が「エミリー・ディキンソン」だったのだ。たしか
「あとがき」に書かれていた。

あの主人公は、エミリーに会えたのか、会えなかったのだったか……

話の結末が、どうも思い出せない。


『エミリー』の謎は、まるでこの詩それ自体のようだ。

彼女という真実の存在に出会ったら、その偉大さと輝きに目が眩《くら》んでしまう。

彼女は自分という輝きが「強すぎる」と思って、世間から自分を「隠してあげていた」のだろうか。

もしそうだとするなら、なんて思い上がった人だろう。

でも、だとしたら、なんて神秘的な人だろう。

先生はどうして、この詩に付箋を入れていたのだろうか。

これは、法学の話なのだろうか。


不意に、先生が入ってきた。

先生は私が開いているページを目にとめて、にやっと笑った。

先生、このページに付箋を入れたのは、先生ですか。

いや、おぼえてない、ぼくかな?

先生は詩をじっと見て、私にこう言った。

人生に起こることは、すぐには意味がわからないんだよ。少しずつ、少しずつわかって、最終的に、大きなことがわかる。だから、たとえば老人のアドバイスは、若者には、ちっともわからない。

でも、アドバイスを聞いておくのもいいんだよ。何かがもう少しでわかる、というときに、あのとき聞いたあの言葉がヒントになるんだよ。

私はぼんやりとうなずいた。それこそ、今の私には、この先生の言葉の意味が、半分もわかっていないんだろう。

先生は私のそういう気持ちも見抜いたように、ウンウン、と笑った。

どんなに正しいことでも、どんなにほんとうのことでも、その光が強すぎて、目が眩《くら》んでしまったら、絶対に見えないよね。だれも見ようとしない。見ても、見えていない。

「斜めに語る」っていうのは、だから、とてもだいじなんだよ。いきなりまっすぐに入らないように語ることが、必要なときがあるんだよ。

ああ！

これは私にも、わかった。

私のうなずき方で、先生にも、私が「こんどはわかった」ということが、わかったようだった。

先生は振り返って、先輩と話を始めた。

私は、手にした詩集を「自分用」の箱にそっと入れた。

（引用部　『対訳　ディキンソン詩集――アメリカ詩人選（3）』
エミリー・ディキンソン著　亀井俊介編　岩波文庫）

3年の星占い 2021-2023

cancer

蟹座

石井ゆかり

すみれ書房

受けとることが、解放への道

はじめに

こんにちは、石井ゆかりです。

本書は、いわゆる「西洋占星術」の手法で、2021年から2023年の流れを読み解く本です。

星占いは今日とてもポピュラーで、その手法もだんだんと世に広まってきています。私が星占いを学び始めた20数年前とは、隔世の感があります。

星占いは厳密には「誕生日で区切った、12種類の性格占い」ではありません。

たとえば「私は蟹座です」と言うとき、これは正確には「私が生まれた瞬間、空の蟹座のエリアに、太陽が位置していました」ということになります。

一般に言う「12星座占い」は、正確には「太陽星座占い（生まれたときの太陽の位置を基準にした占い）」です。

いわば、生まれたときからあなたのなかに輝き続けている太陽と、今、天に光っている星々が、たがいに呼び合う声を聴く、そんな占いが「星占い」なのです。

本書は「3年」という時間の流れを射程に入れています。

「3年」には、「石の上にも三年」「桃栗三年柿八年」のように、「ある程度時間がかかることが完成する期間」というイメージがあります。

実際、日本では中学校や高校は3年で卒業です。

であれば、この「3年」の入り口で何かしら目標を掲げたら、3年後にはそれが叶っている可能性が高い、と言えるかもしれません。

星の動きから見ても、2021年から2023年は星座を問わず、特に「時間のかかる目標」を掲げるのにふさわしいタイミングです。

というのも、2020年12月に起こった「グレート・コンジャンクション（木星と土星の会合）」は、約200年を刻む「時代」の節目となっていました。

産業革命に始まった資本の時代、お金とモノの所有が人々の目標となった「地の時代」が終わり、新たに「風の時代」、すなわち、知や関係性、情報、コミュニケーション、テクノロジー、ネットワークなどが力を持つ時代が始まったのです。

2020年はみなさんも体験された通り、「いつも通りの生活」が世界規模で吹き飛ばされる時間となりました。

多くの人が命を落とす悲劇が起こりました。さらに、生き延びた人々の多くが、大切なものを失い、生き方そのものを変更せざるを得なくなりました。

過去２００年のなかで私たちが培った価値観のいくばくかは、思いがけないかたちで消え去ったのです。

占星術を知る人々のあいだでは「２０２０年は大変な年になりそうだ」という予測は多くなされていて、私自身、そうしたコメントを雑誌などに出してはいたのですが、これほどのことが起こるとは想像していませんでした。むしろ、もっと人為的な、大きな国際紛争などが起こるのではないかと考えていたのです。最後の「地の星座の時間」は、文字通り大自然に震撼させられる年となりました。

そして、「風の星座の２００年」の幕開け、２０２１年が到来します。

「風の時代」の始まりの２０２１年、多くの人が新たな価値観を選び、生き方を選び、新しい夢を描くことになるでしょう。

多くの悲しみと苦悩の向こうで、人々は、希望をつかもうとするはずです。

これまでできなかったことも、できるようになるかもしれません。

かつてとはまったく違う「新しい自分」に出会えるかもしれません。

本書を手に取ったあなたの心も、すでに新しい時間の息吹を、少しずつでも感じ取っているはずです。


何かを新しく始めるときや、未知の世界に歩を進めるときは、だれでも不安や恐怖を感じるものだと思います。

この3年のなかで、あなたもそんな「始まりへの怯え」を感じる場面があるかもしれません。

そんなとき、本書から「大丈夫だよ！」という声を聞き取っていただけたなら、これほどうれしいことはありません！

3年の星占い 蟹座 2021年−2023年◎目次

ブックデザイン
石松あや
（しまりすデザインセンター）

イラスト
本田亮

DTP
つむらともこ

校正
鷗来堂

第1章

3年間の風景

3年間の風景

《2021年から2023年の蟹座を、ひとつの「風景」として描いてみます。そのあとで、「風景」に見えたもの(文中ハイライト)をひとつずつ、日常的・具体的な言葉で読みといていきます》

あなたは**ある部屋**で、広いテーブルに向かって座っています。

そこに見知らぬ人が現れて、紙を1枚、置いていきます。

「問題」と表題が記された紙には、なぞなぞがひとつ、書かれています。

あなたは、そのなぞなぞに答えようとします。

最初はなかなか答えがわかりませんが、何度も読みながら考えるうち、ぱっとひらめきました!

答えをそこに記すと、さっきの人がやってきて、満足そうにその紙を持って出ていきました。


次に、また見知らぬ人が現れました。

こんどは、箱のようなものを持っています。

その箱が、あなたの前に置かれました。

箱に「問題」とだけ書かれているのが目に入ります。

ふたを開けてみると、なかには**ジグソーパズルのピース**が入っています。

あなたはさっそくパズルを並べ始め、時間をかけた作業の結果、見事パズルが完成しました。

ジグソーパズルの画面には、あるメッセージが浮かび上がっていました。

このメッセージは、先ほどのなぞなぞの答えと、何か関係がありそうです。

こんなふうにしてあなたの前に、いろいろな「問題」が持ち込まれました。

なぞなぞやテストのような「頭を使うもの」もあれば、ジグソーパズルや知恵の輪のように、手や体を使うもの、作業のようなものもありました。

それらにはすべて「答え」があり、あなたは次々に「答え」を見つけ出しました。出した「答え」を並べていくと、そこに、**ひとつながりのメッセージ**が浮かび上がりました。

そのメッセージは、**この部屋に入る前にあなたがいた世界のこと**と、**あなた自身のこと**、そして、**その部屋から出る方法**を教えてくれていました。

メッセージにしたがって部屋を出て、あなたは次の部屋に入りました。

そこは**研究室**のような場所でした。

あなたは、次に何をすべきか、もうわかっていました。

書棚を見て回り、いくつか本を持ち出して、あなたは試行錯誤を始めました。

これまで「出された問題を解く」ことに専念していたあなたが、今度は**「問題をつくる」**ことに取り組み始めたのです。

「問題を解く」ことと「問題をつくる」ことは、強く結びついていますが、見える世界はまったく違っています。

それはつまり、「生徒の視野」と「先生の視野」の違いです。

そこには、**さらなる学び**が必要でした。

そもそも、あなたはなぜ、「問題を解く」ことになったのでしょうか。

この「問題」はいったい、なんのためにつくられているのでしょうか。

「問題をつくる方法」を学ぶうちに、だんだんそれらのことも、わかってきました。

あの「問題」は、あなたの人生のためにつくられたものでした。

そしてあなたもまた、**だれかの人生のために「問題」**をつくらねばならないのでした。

あなたはひと通りの勉強を終えると、研究室を出て、**仕事場**に入りました。

ここは、「問題をつくる」ための作業場です。

ほかにも**問題をつくる人**が幾人かいて、あなたはその人たちと協力しながら、問題づくりに着手しました。

あなたの経験と、学びと、あなたの個性の混じり合ったなかから、たくさんの独創的な問題が生まれました。

その問題は「だれか」のもとに運ばれ、解かれ、あなたと同じように、閉ざされた部屋から脱出する人がたくさん現れました。

多くの人のために問題をつくり、解放したあなたは、自分が「ひとつの役目を果たした」ことを悟りました。

しばらくして、あなたは「そろそろ、この仕事場を出たい」と思い始めました。

もう少し広い場所に行ってみたい、という気持ちがわいてきたのです。

また、**自分と同じように「解放された」人々**に会いたくなっていました。

あなたは仕事場をあとにして、もっと明るい、広い、**新しい世界**に向かうことにしました。

「風景」の解説

蟹座の２０２１年から２０２３年は「受け取る」ことがテーマとなっています。もといい、この時期だけでなく、人生全体において「受け取る」ことは、非常にだいじなテーマです。

というのもまず、私たちは「命を受け取る」ところから、人生をスタートさせるからです。

自分自身で命をつかみ取る！　という体験をした人はたぶん、いないだろうと思います。私たちは気がつけば命をもらって、生きていたのです。

「自分でつくったのでもなく、選んだのでもないもの」で、人生は埋め尽くされています。身体的条件や生まれ育つ環境、あらゆる性質、幼いころに関わる相手、自分のなかに生まれる衝動まで、すべて「自分の意志でつくったもの・選んだもの」ではありません。

あらかじめ与えられてしまっていて、私たちはそれを「受け取る」ことしかできません。

いくつかの条件を「受け取る」ことができず、長いあいだ苦しむ人もいます。また、保護者や養育者からの愛情や衣食住の適切な世話など、「受け取って当然のもの」を受け取れずに、深い傷を負って生きる人もいます。この傷もまた、「受け取らされたもの」と言えるかもしれません。

大人になってからも、人生は「受け取る」ことでつくられます。

人との出会いも、選ぶことができない部分があります。愛し愛されることや、子どもを授かることも、基本的には、コントロール不能です。

仕事や役割も、自分がどんなにがんばっても手に入らないものがある一方で、頼みもしないのにぽんと向こうから飛び込んでくるものがあります。

それでも、幼い子どものときとくらべて、大人になった私たちは「受け取らされるもの」に、少なからず働きかけることができます。

そもそも「受け取らない」という選択ができる場合もあります。「どうしても受け取らなければならない」場合も、それを「どう受け取るか」「受け取ったものをどう生きるか」で、その先の物語が変わります。

２０２０年の終わりごろから、あなたはいろいろな機会、条件、ギフト、提案、ポジションやチャンス、きっかけなどを「受け取る」状態にあったのではないでしょうか。

テストの問題を受験者が指定できないように、この時期あなたに受け渡されるものの多くは、自分で「これ」と選んだものではなかったようです。

詳細が明かされないコース料理のように、「おまかせ」でプランニングされた観光ツアーのように、それが目の前に出てくるまで、「何を受け取らねばならないか」は、わからないのです。

でも、それらは最終的に「自分のもの」として生きることができるものなのだろうと思います。

なかには受け取らずに拒否できるものもあるはずですが、受け取ってみてはじめて、その意味がわかるものも多いようなのです。

巡ってきた機会、提示された条件を吟味し、ときには交渉し、調整しながら、「受け取って、生きる」こと。

２０２１年から２０２３年の蟹座の「柱」は、そこにあります。

・「問題」を解く部屋、答え、ジグソーパズル

「風景」の冒頭、妙な部屋と「出された問題を解く」というシチュエーションを出してみました。２０２１年から２０２３年のテーマである「受け取る」ことを、こんなふうにたとえてみたのです。

「受け取る」とは、ただ鵜呑みにしたり、ガマンさせられたりすることではありません。そうではなく「受け取ったもの」はすべて、あなたへの問いかけを含んでいるはずなのです。

たとえば、絵の具やクレヨンをプレゼントされたら、絵を描いてみたくなります。なぞなぞを出されたら、解いてみたくなります。

この時期「受け取るもの」は、そんなふうに、あなたの能動性を強く刺激し、あ

なたを「動かす」ものなのです。ただ漫然と受け取ればいいのではなく、あなたの積極的なコミットが必要なのです。

もし、受け取ったものに対し、何も働きかけなければ、それはそれで「終わり」になるでしょう。「スルー」もおそらく、できるはずです。

何かを渡されても、それをどう使うかは、強制されません。

ゆえに「受け取る」ことがテーマとなっているのです。

この時期「受け取る」ものは、ギフトのような「もの」にとどまりません。ある種のシチュエーションや「立場」を受け取る人が少なくないはずです。たとえば、結婚すればパートナーとしての役割を「受け取る」ことになります。それを「どう生きるか」は、自分で謎を解き、答えを出さなければなりません。「自分は女性だから家事をしよう」というふうに、伝統的な価値観にもとづいて「受け取る」人もいるかもしれません。一方、「おたがいの生き方や理想とする生活スタイルに合わせて、役割分担をゼロから構築しよう」という受け取り方もあります。そのポジション、そのシチュエーションを「どう料理するか」は、自分で選択できるのです。

子どもを授かれば子育てを、家を受け継いだらその家を、「どうやって担っていくか」を考えなければなりません。

これがすなわち「なぞなぞ」です。

この時期はおそらく、どんな「なぞなぞ」が提示されるか、ほとんど予測できません。また、選ぶこともむずかしいかもしれません。

すべては「向こうからやってくる」のです。

「やってきた」ものにどう反応するか、それが「なぞなぞ」の答えです。

たとえば雨や風も、季節も、すべて「向こうからやってくる」ものです。

雨の日、私たちはそれぞれの意向に沿って、家にこもったり、傘をさして出かけたりします。

雨は、家にいることを強制するわけではありません。「晴耕雨読」に意味を見いだすか、雨でも外に出て活動するか、その「なぞなぞ」の答えこそが、あなたの生きる道なのです。

2021年から2023年はそんなふうに、自分でゼロから生み出すようなことよりも、「受け取って、それを使う」ことに強いスポットライトが当たっています。

これは、消極的に生きるということでは、決してありません。

むしろ、自分の身のまわりに起こる出来事、天からもたらされる出来事を、積極的に「受け止めにいく」「料理しにいく」ような態度が求められるはずです。

・ひとつながりのメッセージ

この3年間、特に2021年に「受け取る」ことは、単なる偶然とは思えないような、たくさんの意義を含んでいます。

もとい、人生で起こる出来事はすべて、単なる偶然だと考える人もいます。「すべて」でなくとも、ある種の出来事は、まっさらな偶然ととらえざるを得ません。たとえば、災害や世の中の大変化などがそうです。

個人の人生の意味などとは無関係に、圧倒的な規模で押しよせる「出来事」は存在します。

そうしたものに「これにも、何か人生の意味がある」と考えなければならない、ということはありません。圧倒的な自然、社会の猛威の前には、私たちはとても無力です。

ですが、あくまで、そうした圧倒的な偶然とは別に、「これは自分の人生において、きっとだいじな意味があることだ」と思える出来事が、たしかに存在します。

2021年から2023年は、そうした「意味を解読できる出来事」「自分のための意味を受け取れる出来事」が、たくさん起こる時期なのです。

最初から「この出来事はギフトだ！」「これはチャンスだ！」と解読できるものもあるでしょう。

その一方で、なかなか解けないなぞなぞのように、ジグソーパズルのように、あれこれ考えたり、試行錯誤したりしないと「人生におけるだいじな意味」のわからない出来事もあるはずです。

一つひとつ、出来事が積み重ねられ、いくつかのことを受け取っていって、最終的にパスワードが完成し、メッセージの全体が読み解けます。

この「メッセージの内容」について、「3年間の風景」のなかでは、

・この部屋に入る前にあなたがいた世界のこと
・あなた自身のこと
・その部屋から出る方法

と書いてみました。

ですが、その内容は人によって、本当にさまざまであろうと思います。

なぜなら、抱えている問題や直面している人生の局面などは、人によってまったく違っているからです。

ただひとつ言えるのは、ここで受け取れる「メッセージ」は、その時点でのあなたにもっとも必要なものだろうということです。

そのメッセージがカギとなって開く扉があり、それがチケットとなって乗り込める船があります。

・だれかの人生のために「問題」をつくる

主に2021年ごろの出来事は、どちらかといえば「個人的な体験」です。

第三者にはその事情がほとんど見えないかもしれません。自分から説明しなければ、だれにも知られずにすむことなのかもしれません。

たとえば「宝くじが当たった！」ならば、だれにも言わないほうがいいのです。

「人と喜びをわかち合いたい」というのは自然な人情ですが、一方で、他人の心はその一つひとつが、大きな森です。

森のなかには善良な小人も住んでいますが、その人自身も自覚していない魔物が住んでいることもあります。

自分に何か幸運なことがあったとして、それをだれかに話したとき、心からいっしょに喜んでくれているように見えても、心の森の魔物が目を覚ましていないとは限りません。

ですが、その喜びや富を「だれにも渡さない」のがいちばんいいかというと、そうでもないと思います。

自分が受け取ったすばらしい宝物があったとして、それをどのように他者と共有するか。そこには、知恵が必要です。

たとえば、なぞなぞの答えを知っても、それをだれかにそのまま伝えては、意味がありません。

私たちは、あるなぞなぞを出され、その答えを見つけて正解したとき、「人にもこのなぞなぞを出題してみたい」という気持ちになります。他人に伝えるのは、自分が見つけたなぞなぞの答えではなく、「なぞなぞの問題」のほうなのです。それを人に問いかけることで、相手は「問題を解く楽しさ」を受け取れます。

2021年を中心としてあなたが「受け取ったもの」。それをもとに、2022年以降はあなた自身が、人に何かを「手渡す」ことになるのだろうと思います。

特に2022年は、「手渡すもの」について、考えたり、学んだり、研究したりすることになるようです。

おいしいレストランでご飯を食べたら、その味の記憶やシェフのアドバイスをもとに、自分で新しいレシピをつくって、人に振る舞うことができます。

ある場所を旅した経験をもとに、人のためにガイドブックをつくることはできます。でも、その場所に行ったら何があるのか、相手が何を体験するのか、ということについては、一定の留保が必要です。場合によっては「そこに何があるのかは、行って自分の目でたしかめてみて！」というふうに、「秘密」にしてしまうことだって、ありうるだろうと思います。

これらはごくライトな例ですが、実際にはもっとずっと深い、人生や精神の体験のなかから、だれかほかの人を救うような知恵を生み出す人もいるはずです。あるいは、たとえば２０２１年ごろに「人からしてもらったこと」がきっかけで、その後のライフワークに出会う、といった人もいるでしょう。

２０２１年ごろに受け取ったものは、「種子」です。

それを育てて、大きくして、自分のものにしていくプロセスが、２０２２年から２０２３年に置かれているのです。

この「自分のものにする」プロセスは、「他人のためのものにする」作業でもあります。

大きな畑をつくるのは、すべての作物を自分だけで食べるためではありません。だれか遠くにいる、見知らぬ人の口に入るものをつくるために、その畑はどんどん大きくなります。

自分のために手渡されたものが、まずはたしかに「自分のもの」になり、それをもとに「他人のためのもの」をつくっていくのです。

この「他人」は、自分以外のすべての人を意味します。身近な人や家族、子どもや恋人がそれに当てはまる場合もあるでしょう。

・研究室

2021年にあなたがいる「場」は、どちらかというとあなたの私室、自宅、あなたのための場所、というイメージがあります。

一方、２０２２年から２０２３年のあなたは、「外界」に身を置いています。

「風景」のなかで、なぞなぞを解いていた部屋は、あなただけのための部屋でした。

そこを出て向かった「研究室」は、自分以外の人々もいる、外の世界です。


これはもちろん「２０２１年は家にいて、２０２２年以降は外に出るのが幸運」とかいう意味ではありません。

そうではなく、生活する上でのあなたの意識が、２０２１年はどちらかと言えば個人や身内を中心とした世界に向かい、２０２２年以降は「外界、社会、未来」といった外の世界に向かっていくだろう、という意味です。


私たちは、自分に見えている風景によって、「自分はここにいる」と認識します。

同じ場所にいても、見えているものが違えば、「自分がいる場所」の認識はまったく違ってきます。

意識の向かう方向に、生きる世界が存在します。

たとえば、子どもを産んだ直後は、非常に行動範囲が狭くなりますが、子どもが少し大きくなると、公園や児童館、教育にまつわるさまざまな機関等、かつてとは違った世界が見えてきます。医療や教育の専門家、役所の人々、習い事の先生、近所の人や親同士など、新たな出会いもあります。

さらに、子育ての環境や、世の中のさまざまな条件に目が向かいます。広い世界や遠い未来のことまで、「我がこと」としてどーんと視野に入ってきます。

また、「人生とは」「命とは」「自分の生き方とは」「善悪とは」といった哲学的なテーマが、生活のなかでとてもリアルなものとなります。

もちろん、子育てを通して「自分の人生が社会的な広がりを持った」とは感じられない人も少なくありません。自由に仕事ができない苦しさや、自分ひとりの時間が持てない閉塞感に苛《さいな》まれ、家庭という空間を「牢獄のようだ」と感じている人もたくさんいます。

一方、「社会に出て働いている」人であっても、「小さな牢獄で生きている」人はいます。

仕事を自分の手のなかだけに抱え込んでしまう人、人に悩みを語れない人、オフィスが「世界のすべて」のようになっている人等々、仕事をしていてもごく小さな世界に閉じ込められている人は、決して少なくありません。

一般に、他者に働きかけたり、悩みを訴えたりすることは、怖いことです。期待したのとは違う答えが返ってくることもよくあります。話を聞いてもらえないこともあります。運悪く「こたえる力」を持っていない人に当たってしまうと、せっかく窮状を訴えても、事態が変わらないのです。

勇気を出して語りかけたのに、最初にそういう目にあってしまうと、「もうだれにもわかってもらえない」と、心を閉ざしてしまってもおかしくありません。これはほんとうに「不運な牢獄」です。

ただ、いくつかの扉が閉ざされてもなお、ほかの扉を叩き続ける人もいます。その音をほかのだれかが聞きつけてくれる場合もあります。もがき続けていればいつか、どこかの扉が開かれ、「その向こう」に出て行ける可能性があります。

閉じた小さな世界に住むか、それとも「広い外界」に住むか。

それは、「子育て中か、仕事をしているか」といった外的条件では、決まらないのかもしれません。

むしろこの2022年以降は、あなたがどんな物理的環境に置かれていたとしても、非常に視野が広くなるでしょうし、思考のスケールが大きくなりますし、遠くからのさまざまな声が聞こえてくるはずです。

・仕事場、ともに作業する人々

２０２２年から２０２３年は「大活躍」の季節です。

キャリアの上昇期、仕事のターニングポイント、社会的立場が大きくステップアップする時期です。

過去10年ほどのプロセスの「集大成」のような活動ができます。大きな成果を上げて高く評価される人も多いでしょう。

外に出て広く社会と関わり、自分なりの役割を得て、「社会的な居場所」を形成できます。すでにある社会的居場所がいったん、解体され、新たなかたちで立ち上がります。

あこがれの場所にたどり着く人もいれば、なんらかのかたちで「ブレイク」を遂げる人もいるはずです。

このことは、たとえ介護や子育てで「主に家のなかにいる」人であっても、なんらかのかたちで当てはまるはずです。外界とのつながりが増え、視野が広がるのです。新しい出会いがあり、新しい役割を担えます。

たとえば、「大活躍の季節」に、子育てや介護などの活動自体を「とらえ直した」という人がいます。それらが「プライベートな愛情の世界」ではなく「教育や福祉という、社会的な現場」なのだ、と認識を改めたのだそうです。この「とらえ直し」により、外部のサポートを求めることがとてもラクになったといいます。

今はインターネットでだれもが発信できる時代で、特殊な環境に置かれている人でも、同じような立場にある人を探しやすくなりました。それはつまり、だれもがなんらかの「場」をつくれるようになった、ということです。

情報や体験を共有できる場、同じ目標を目指す人が集まる場。

「場」は、ひとつの社会です。

2022年から2023年のなかで、あなたは新しい「場」に所属したり、「場」をつくったりすることになるでしょう。

そこには「同僚・仲間」のような人々が集います。

この人たちは、かつてあなたがつきあってきた人々とは、少し傾向の違う人たちかもしれません。

驚くほど個性的な人や、どこまでも自由な人、あなたに新しい時代のことを教えてくれる人などに出会えるでしょう。

その人たちとともに、活動の場を育て、社会的に生きる方法を新しくつくっていけるでしょう。

2021年ごろからあなたが個人的に体験してきたことは、ここでの活動で大いに役立ちます。

あなたの体験談がダイレクトに、だれかを救うこともありそうです。

2022年以降、あなたの活動について「なぜそんなことをしているのですか？」と聞かれたとき、あなたは2021年ごろの出来事について語るかもしれません。

その説明は相手を、深く納得させるはずです。

・もう少し広い場所、新しい世界

2023年は「大きな時間が動く」タイミングです。

2022年までに培《つちか》ったもの、築いたもののさらに外側へと、飛び出して行きたくなります。

ただ、ここでもチャンスはもしかすると、「向こうからやってくる」ことになるかもしれません。

たとえば、友だちに誘われたり、昔の仲間から声をかけられたり、ひょんなことで空いた椅子をすすめられたり、といったところから、新しい物語が始まる可能性が高いのです。

もちろん、自分でゼロから新しいものを探しに行く人もいるでしょう。それもとてもだいじなことです。

でも、何かを探しに出かけても、そこで「何か」に出会えるかどうかは、自分ではコントロールできません。「運命の神様」「出会いの神様」のような存在の、不思議な計らいがなければ、「出会い」は訪れないのです。

２０２３年は、「運命の神様」を信じたくなるような出来事が、たくさん起こりそうです。

２０２１年に「受け取った」ものから始まった物語が、２０２３年に「受け取る」ものへとつながっているのです。

・解放された人々

だれもが「自分の人生」を生きています。

自分だけの物語を持ち、喜びや痛みを持ち、独自のニーズを抱えて生きています。


その一方で、私たちは「世の中」に生きる存在です。

いつも「ほかの人の動向」「まわりの人の意向」を気にし続けています。


このふたつの条件が、私たちをしばしば、苦しめます。

両者はよく、ぶつかり合うからです。

人のためにガマンをしても、意志を通すためにだれかを傷つけても、どちらも、とてもつらいことです。


ですが、2019年ごろからあなたは、「自分が自分であること」と「みんなといっしょに暮らすこと」が、たがいにぶつかり合わないような生き方があるのではないか、と感じているのではないでしょうか。

あるいはぶつかり合ったとしても、そこに決定的な傷が生じないような世界をつくりたい、と考えているのではないでしょうか。


たとえばそれは、「ムーミン谷」のような世界です。

ムーミン谷では、さまざまな変わった個性を持つキャラクターが、つかずはなれずで暮らしています。

みんな奇妙なクセを持っていたり、迷惑な性格だったりもするのですが、それらが否定されたり抑圧されたりすることはありません。

おのおのが自由に、でも、集まって生きていられるのです。


最近、『鬼滅の刃』というマンガが大変人気を集めています。

あの作品にも、ムーミン谷に少しだけ似たところがあります。というのも、キャラクターたちは、あまり人の話を聞かないのです。敵味方関係なく、かなり多くの対話が「投げっぱなし」で流れていきます。

それでも、ストーリーも人間関係も、ちゃんとハートフルなかたちで成立しているのです。彼らがやりとりしているのは、本当は「言葉」ではないようです。

非常に強い個性の持ち主たちが、それぞれの個性を受け入れ合う、というよりは、ある意味「スルーする」ようにして集っている様子は、ムーミン谷の関係性によく似たところがあるなと思いました。

自由に、自分の好きなように生きるには、孤独を受け入れなければならない。

自由と孤独は引き替えである、という考え方を、多くの人が信じています。

でも、もしかすると、自由でありながらよりそって生きることは、非現実的な夢ではないのかもしれません。

少なくともこの時期のあなたには、そう感じられているはずです。

ゆえに、「自由でありながら、よりそって生きる」ことの可能性を、現実のなかで追求していくことになります。

孤独でいることは、実はかなり、不自由なことなのです。

人間関係は人を縛りますが、同時に、人を自由にしてくれる、不思議な力を持っています。

この「自由」と「孤独」の本当の意味を、この時期のあなたは実生活のなかで、どんどん掘り下げていくことになるでしょう。

・未来の自由

過去の延長線上に現在があり、現在の延長線上に未来があります。

「これまで」の線の上に「これから」の線を重ね合わせて、私たちは「未来の可能性」を探ろうとします。

非現実的な夢は見ない。失敗しそうなことはしない。

絶対大丈夫なものにしか、手を出さない。

そうした方針を、ごく当たり前のこととして採用している人は、少なくありません。どうすれば失敗しないか、を教えてくれるのは、多くの場合、過去の事例です。前例、周囲の事例、自分の体験、これまでの自分の実績。

そうした「過去から現在の線」をそのまま延ばしていくかたちでしか、未来を描けない、と考える人は、とてもたくさんいます。

こうして、「未来の夢」は、「過去」に縛られてしまうのです。


でも、過去から現在に延びる線は、本当に「未来」を描く上で、役に立つのでしょうか。「これまでの自分」にできなかったことは、「これからの自分」にもできないのでしょうか。

２０２１年から２０２３年、あなたは「未来の夢」を、まったく新しい場所から描き始めることができます。「これまでの自分」と「これからの自分」は違うのだ、という前提で、未来をつくり出せるのです。過去から現在の延長線上にはない、まったく別の起点から延びる未来を、描き始められる時期なのです。

２０１９年ごろからすでに、その道を見つめ始めたあなたがいるはずです。その作業が一気に加速し始めるのが、２０２３年です。２０２１年ごろから、そうした流れをあと押ししてくれる力も感じられるでしょう。

たとえば過去にあきらめた夢を「もう一度追いかけてみれば？」と、だれかがあと押ししてくれるのかもしれません。

あるいは、仲間からの頼まれごとや仕事の依頼のなかに、「自由な未来」への萌芽《ほうが》が含まれているのかもしれません。

第2章

1年ごとのメモ

２０２１年――リスクを取って、つかむもの

・「ギフト」を受け取る

２０２１年、蟹座の人の多くが、すばらしく価値あるものを「受け取る」ことになるでしょう。

贈り物を受け取る人、だいじな任務を引き継ぐ人、価値あるものを受け継ぐ人もいるはずです。

リレーのバトンのようなもの、すばらしいチャンス、「自分で選んだなら、決して手にしなかっただろうもの」。

この時期あなたが受け取るものには、あなた以外の人の思いや人生、意図などが、ぎゅっと詰まっています。そしてそれらは、2021年から2023年のあなたを支え、あるいは鍛えてくれます。

2010年ごろから、だれかとの関係が非常に「密」になっていたのではないでしょうか。

たとえばパートナーとすごす時間が増えたり、仕事の関係者が増えたり、ふだん関わる「相棒」のような存在に恵まれたりしたかもしれません。

その相手がどんな存在かは人それぞれですが、2010年ごろからもっとも深く関わっている人々が、2021年にあなたに「ギフト」を授けてくれる相手であるようです。

あるいは、ギフト自体はすでに、2020年のなかで受け取っているのかもしれません。

その場合、２０２１年以降は、そのギフトを「どう使うか」「どう展開するか」「どう育てるか」というテーマに取り組んでゆくことになるはずです。

・「貸し借り」を引き受ける

「友だちでいたいなら、お金の貸し借りはしてはいけない」とは、よく言われます。たしかに、とても親しい間柄だったのに、お金の貸し借りがもとで関係がこじれるという話はよく耳にします。返すとか返さない以前に、お金を貸し借りした時点で、目に見えない上下関係や支配関係が生まれてしまい、心にパッと距離ができてしまうのかもしれません。

ですが、私たちは「貸し借り」一切なしで生きていけるものでしょうか。

たとえば「内祝い」という慣習があります。なんらかの「お祝い」を受け取ったとき、その半額くらいに当たるものをお返しするのです。昔は「身内のお祝い」で、おめでたいことがあったとき、お世話になった人に贈り物をするというものでしたが、今では「お返し」の意味で使われるのが一般的になりました。

なぜ「もらったものの半額くらいのもの」なのでしょうか。

全額を「返す」となると、これは「お祝いされた」という事実を「清算」してしまうことになります。お祝いを突っ返したようなもので、何も受け取らなかったことになってしまうのです。

でも、一切お返しをしないで丸ごと受け取ってしまうと、それはそれで「借りができた」状態になります。

借りは返すが、お祝いの気持ちは受け取る。このロジックが「半額ほどのものをお返しする」ことにつながるのだろうと思います。「内祝い」をしても、もう半分は「借り」として、こちらの手元に残るのです。そして、いつか相手にお祝いごとがあって、お祝いを贈ったときにはじめて、この「借り」が消えます。

つまり、この関わりのなかでは、常にどちらかの手に「借り」が半分残っていることになります。

関わっていくということは、「借りをつくる」ことと、無関係ではないのです。

お金やモノ以外にも、親しくなればなるほど、おたがいのあいだに「貸し借り」が生じます。悲しいときになぐさめてもらったり、困ったときに助けてもらったり。それが一方的でなく、双方向に「ラリー」が起こることで、つながりは強く濃くなります。

ただ、短期的に見れば、これは「ラリー」ではなく、いつも一方向的なのです。あくまで長い目で見たとき、助け合いが双方向になります。

受け取るときは常に、「受け取るだけ」です。そしていつか、相手が自分を必要としたとき、「与えるだけ」の立場に立てます。

一筆書くでもなく、帳簿につけるでもなく、おたがいの心に「恩義」というやさしくあたたかい気持ちで積み重ねられていくこうした「貸し借り」は、人と人との距離を縮め、分かちがたくする力を持っています。

「人に迷惑をかけたくない」「人の世話にはなりたくない」という思いから、どんな助け合いも、貸し借りも、拒否してしまう人がいます。

こうした人の多くは、人を助けてあげることについても、強い警戒心を抱きます。「利用されているのではないか」「自分が損をするだけではないか」。たしかにそういう危険はあります。

でも、このような警戒を強化しすぎた結果、他者と親密な関係を築くことができず、深い孤独や「生きづらさ」に落ち込んでいる人は、決して少なくないのです。

2021年は、「貸し借り」が大きなテーマとなります。

借金に苦しんでいた人は、そこから脱出することができるかもしれません。

あらゆる貸し借りを拒否していた人は、助け合いの意味を少しずつ、受け入れられるようになるかもしれません。

だれかとの関係が、頼り合う体験を通して、いっそう強くなるのかもしれません。

「他人」には入れない場所に招き入れてもらい、人生の新しい局面を迎える人もいるでしょう。

これらはすべて、「人間関係に、深く踏み込む」という選択です。


人との関係に深く踏み込むとき、私たちはさまざまなリスクを負います。

傷つくリスク、裏切られるリスク、心を奪われるリスク、そのほかさまざまな危険を冒して、私たちは他者との強い結びつきをつくっていきます。

「一切のリスクを負いたくない」という人も、世の中少なくありません。その方針にもとづき、表面的な関係を通り過ぎていくだけのような人生を選ぶ人もいます。

それはそれで、ひとつの選択です。

ですが少なくとも、2021年の蟹座の人々は、「人との、ある種のリスクを取った上での、密接なつながり」というものに、心惹かれるでしょう。「リスクを取る」ということは決して、「無防備になる」「無警戒になる」ということではありません。むしろ、「リスクを取る」ことを覚悟した人ほど、慎重になりますし、観察眼や分析眼が冴え、深い思考を巡らせます。

この人は本当に信じるに値するのか。そのことを真剣に考えようとしたとき、はじめて見えてくるものもあるのです。

・心の成長期へ

2021年5月なかばから7月は、2022年のメインテーマの「序章」のような時間となっています。

2022年のメインテーマとは「精神的成長、気高い学び」です。

2012年ごろから積み重ねられてきた精神的な成長が、ここで飛躍的な伸びを見せるのです。

世の中を見る目が変わり、学びへの意識が変わり、自分の専門性に対する態度の深さが変化します。

本書を執筆中の2020年は「旅」がむずかしい状況にありますが、2021年なかばから2022年にかけて、もし状況がゆるせば、あなたは旅に出たくなるでしょう。

あるいは長期的な出張を経験したり、引っ越したりと、居場所自体を変えてしまうことになるのかもしれません。

これらの体験は、あなたの心のなかの、自覚も意識もできないような場所にある問題を、すうっと解決してくれるかもしれません。

2022年――精神の成長期

・精神の学び

知的・精神的に、大きく成長できる年です。

勉強したくなる人も多いでしょう。

あるいは自発的に学ぶのではなく、日常生活や仕事の上で、「どうしても学ばなければならないこと」が出てくるのかもしれません。

たとえば、この星の配置の時期、親の介護のために「自分で運転できたほうがいいな」と気づき、免許を取りにいった、という人がいます。車の運転をするようになって、便利になっただけでなく、行動範囲が飛躍的に大きくなり、世界が広がったそうです。

そんなふうに、これまでに触れたことのない世界に触れ、生き方が少なからず変わる時期なのです。


技術的な知恵だけでなく、精神的な知恵を授かる時期でもあります。

無宗教の人がクリスチャンになったり、禅寺に通い始めたりする、といったことも起こるでしょう。

だれもが自分の人生を生きています。生きているなかで、「過去の人生をどう意味づけるか」「未来をどう方向づけるか」という問題に遭遇することがあります。

そういったときに、宗教という「考え方の枠組み」を求める人が少なくありません。

あるいは、宗教ではなく、哲学や倫理学などの世界に、答えを求める人もいます。

文学や偉人の伝記に心を支えられる人もいるでしょう。

仕事や生活において、具体的に「役に立つ」ような知識のほかに、「人生に役立つ」知恵を求める気持ちが、この時期はわいてきやすいのです。

人間はつい、「易きに流れる」ものです。

簡単な「教え」や、すぐに効果が出ると謳《うた》われたものなどに、つい心惹かれてしまいます。

でも、この時期のあなたは、そうした「簡単さ」や「御利益」「効果」に、だまされないでいられるようです。

というのも、この時期のあなたが求めているものは、「結果」ではないからです。

この時期のあなたがほしいのは、「答え」ではなく、「自分で考える力」です。天から降ってくるチャンスではなく、自分の手でつかみ、創造できる機会がほしいのです。

簡単にわかることや、すぐできることに、この時期のあなたは関心を持たないでしょう。

むしろ、すぐにはわからないこと、ちょっとむずかしいこと、やるべきことがたくさんあるようなテーマにこそ「入り込んでみたい」と感じることでしょう。

・挑戦、冒険

2022年は「冒険の季節」でもあります。

今までにやったことのないことに挑戦したり、「自分とは縁遠い」と思っていたことにトライしたりできる年です。

長いあいだ「関係ない」と感じていたことが、突然気になり始めるかもしれません。

食わず嫌いをしていたものが大好物になる、といったことも起こるでしょう。

この時期に挑戦したこと、新しくトライしたことは、一時的なものにとどまらず、この先ずっとあなたの人生に、大きな影響をもたらします。

たとえば、むずかしい問題に直面したとき、常にこの時期の体験に「立ち返る」ことになるかもしれません。

この時期の選択や経験は、この先長い人生を生きる上での、だいじな「杖」のような力を持つのです。

・隠れた敵との対決

2022年8月下旬から2023年3月まで、「隠れた敵と闘って、倒す」時期となっています。

「隠れた敵」は、人によってさまざまです。

あなたの前進を阻《はば》むもの、大切な人との関係をジャマしてくるもの、チャンスをつかもうとするあなたを妨害するもの、あなたの幸福を阻害するもの。

そうしたものを、この際ガツンと始末してしまえるときなのです。

これらのものは「外部」にある場合もありますが、「内部」に潜んでいる場合もあります。

また、外部と内部で「つながっている」可能性もあります。

たとえば、親の意見を聞いてずっと恋人をつくらずにきた人が、突然親に結婚を催促されて当惑したことがありました。「親の意見」は自分の外側にありますが、それをかたくなに守ってきた価値観は、自分の内側のものです。

この人はそれまで、自分がどのように生きていくかを、自分自身で決めたことがありませんでした。

親の意見がこれまでとはっきり変わったことで、この人は「自分で決めなかった人生」にはじめて疑問を感じ、長い悩みの末に、自分の人生を自分の手に取り戻すことにしたのです。

親との関係、そして自分自身の考え方と「対決」することが、この人の「隠れた敵との闘い」でした。

知らず知らずに抱え込んでいた価値観、自分で自分を縛るような考え方を、この時期「粉砕」できるかもしれません。

新しい価値観や考え方へと導いてくれる「師」にも出会えるでしょう。

恩師や先輩など、自分のことを心から思ってくれる人々に会い、だいじなアドバイスを受け取れる場面もあるかもしれません。

この「隠れた敵」との対決の結果、あなたはすばらしい自由を手に入れられます。

2022年は特に、人間関係における自由を実現できるでしょう。

人に心を開く自由、人に働きかける自由、人との交流を楽しむ自由が、あなたのものになるでしょう。

人間関係についての新しい考え方が、あなたの心を解放してくれるはずです。

・大活躍の季節・前編

5月中旬から10月は、「大活躍の季節・前編」です。

キャリアや社会的役割に関して、大きな「ブレイク」が起こるタイミングとなっています。

非常に忙しくなりますし、すばらしいチャンスをつかめます。

昇進や抜擢、引き抜き、独立など、さまざまなかたちで「ポジションが変わる」人が多いでしょう。

肩書きが変わり、関わる人の数が変わり、あつかうもののスケールが変わります。


2021年からの「新しい学び」が、ここで大いに役立ちます。

習得した知識、重ねてきた経験が、強力な武器となってあなたを守るでしょう。

さらに2022年12月下旬、「後編」の幕が上がります。

この時期の活躍は、あなたの内面にも強い影響を及ぼします。

前述の「隠れた敵との闘い」に勝利できるのは、外界での「大活躍」があるからなのかもしれません。

たとえば、親の意見に納得がいかなくても、幼いうちは、うまく反論できません。自分の足で自分の道を歩んでみてはじめて、説得力のある言葉で、親のおかしな意見に反論する勇気が生まれる、といったことがあるものです。

「大人の言うことは正しい」と思っていた人も、自分が大人になってみたら、かならずしもそうではなかった、と気づかされます。

そうした発見が、内なるものを動かし、人生を変えていくのです。

2023年――チャンス到来、大活躍期

・大活躍の季節・後編

「後編」というとフレッシュ感に欠けるかもしれませんが、ここはむしろ「本編」です。

2022年の夏に感じられた「ブレイク」の兆し、大チャンスの予感が、この2023年前半に本格化するのです。

引き続き、キャリアの急上昇、急激な進展が起こりやすい時期となっており、多くの人がかなり大胆なチャレンジに挑むでしょう。

仕事だけでなく、何かしら「望んだこと・願ったこと」を叶えられる時期です。たとえば結婚を願った人は結婚を、新しい家族を願った人は新しい家族を、というふうに、夢を現実にしていけるのです。

ただ、この時期はあくまで「自分で活動する」ことから、成果がもたらされます。おおやけの願いでも、プライベートの願いでも、自分からアクションを起こさなければ、「実現」には至らないかもしれません。

では、自分から何かに手を伸ばさなかった場合は、何も起こらないのでしょうか。そういうケースもあるだろうと思います。

でも、別なパターンも考えられます。それは、なんらかの任務や役割、目標などが「上から降ってくる」のです。大きめの仕事を任されたり、他者の世話をすることになったり、世の中とのつながりが自然に強くなったりするかもしれません。

もちろん、土壇場で「イヤです」と拒否することは可能だろうと思います。

・「他者の支配」からの解放

２０２３年はもうひとつ、大きなテーマがあります。

それは「解放」です。

他者からの支配、経済的な条件による束縛、自分の意志とは関係ない条件による「動けない」部分。

そういったものが２０２３年、すうっと消えていくようなのです。

もとい、この時期に完全に消えてしまうわけではなく、はっきりと「支配が解消」し終わるのは、２０２５年ごろとなるかもしれません。

ただ、方向性はすでに、２０２３年に確定するようです。

苦しい人間関係に耐え続けていた人、重すぎる荷物に苦しんでいた人、管理できないほどの大量の「モノ」に苛《さいな》まれていた人。

自分自身の内なる衝動に振り回されていた人、自分で自分がコントロールできずに苦しんでいた人もいるかもしれません。

世の中には、目に見える支配もあれば、目に見えない支配もあります。自覚されない支配関係というものも存在します。

そうした、すべてのつらい「支配」が、2023年を皮切りに、終了するのです。

2023年の「大活躍、キャリアの進展」は、そうした支配から脱出するためのカギとなるのかもしれません。

たとえば、ずっと離婚を望みながら、経済的な条件があって別れられなかった、という人が、やっと経済力を身につけて別居を開始する、というようなケースが当てはまります。

あるいは逆に、経済的な条件がネックとなってパートナーシップを結べずにいたのが、この時期の「大活躍」がきっかけで、晴れていっしょになれる！といったことも起こるかもしれません。

世の中には「心理的な支配」というものがたくさん存在します。「この人のそばを離れたら、自分はやっていけない」「このポジションを失ったら、自分はすべてを失ってしまう」など、失うことへの強い強迫観念を抱いている人もいますが、実際はそれらを手放してもやっていけるどころか、より自由になれる場合があるのです。

２０２３年は、自分が何にとらわれていたのかということに気づき、そこからの離脱への行動を起こすことができる年なのです。

・自分の手でつかむものと、贈り物と

２０２３年は平たく言って「金運のよい年」です。

私はあまり「運」という言葉を使わないのですが、お金についての占いを書くときは、やはり「金運」という便利な言葉を使いたくなります。

2023年の蟹座の星回りは、小さなお得感から大きな財の取得まで、かなりスケールの大きな「金運」を感じさせる配置になっているのです。

個人のお財布も潤うでしょうし、ビジネスを大成功させる人もいるでしょう。「あつかうお金のケタが変わる」という人も、少なくないかもしれません。いい買い物ができますし、大きな買い物に臨む人もいそうです。

「金運がよい」と言うと、すぐに「宝くじ」の話になりますが、この時期はそうしたあやふやなお金ではなく、自分の力で獲得するものや、たしかな人間関係を通してつかめるものにスポットライトが当たっています。

ゆえに、2021年から「受け取る」ことが大きなテーマとなっていましたが、2023年は「贈る」ことが視野に入ります。自分がゆたかになれば当然、人と喜びや充足感をシェアしたい、という気持ちがわくものです。

ただ、この「わかち合いたい」という前向きな「善い思い」は、どこかでこっそりと、自己顕示欲や見栄、優越感などにするりとすりかわってしまうことがあります。力を持つということは、他者を支配することもできる、ということを意味します。

経済力は社会的な力です。実際、パートナーや家族をお金でコントロールしようとする人は、決して少なくありません。古くからの決まり文句、「だれのおかげで飯が食えているんだ！」というフレーズは、つまりお金で人を支配しているという実感のあらわれと言えます。だれの心にも、こうした思いは存在しえます。力を持つことは、とても危険なことでもあるのです。

人にものを贈ること、人をサポートすること。

2023年はそうしたことに意識が向かいますが、同時に、自分の心に厳しく問いかけなければならない部分もあるだろうと思います。

何かを贈ったとき、相手の表情に曇りがないか、それを見極めるのはむずかしいことです。でも、あえてそこに注意を払わねばなりません。贈り物は、相手を心から幸福にする場合もあれば、みじめな思いをさせてしまうこともあります。「リスクを取る」ことは、こんな局面にも潜在しているのです。

本当にだれかを幸せにするための、贈り物。

これが2023年の、大切なテーマのひとつです。

・積み重ねてきたものの、集大成

過去に重ねてきた経験、コツコツ続けてきた学び。

そうしたものがまとまって、この3月以降、「次のステージ」へと進めます。

「知は力なり」という言葉がありますが、3月以降の2年半ほどをかけて、あなたは非常に大きな力を手に入れることになります。

ここからの学びはおそらく、2021年から2022年に楽しくのびのびと学んだことの延長線上にあります。あのとき胸を高鳴らせて学んだことを、ここからはもっと真剣なまなざしで見つめ、より大きな「知」の力を持った人々とともに、掘り下げてゆくことになるでしょう。

・学ぶことによる自由

ここからの「学び」は、あなたの未来の自由度を拡大してくれます。

この時期の学びによって、将来の選択肢がぐっと増えるのです。

「そんなことは10代のうち、学生のうちだけだ」と思う人もいるかもしれません。でも、大人になってからでも「学び」は、より遠い場所へのチケットとなってくれるのです。

「何を学べばいいのかわからない」「どんなことが自分に合っているのだろう」という問いには、仲間や先輩、信頼できる人々が、とても意外なアドバイスをくれる気配があります。自分では思いつかないような案を受け取ったとき、今までとはまったく違った世界が見えてくるかもしれません。

第3章

テーマ別の占い

愛について

・愛を探している人

２０２１年10月末から２０２２年３月頭、２０２２年12月から２０２３年の年明け、そして２０２３年10月から11月にかけて、とても有望な時期となっています。この時期に出会いを探せば、何かしらの動きが起こるでしょう。

もちろん、「この時期以外ではいけない」などということはありません。ほかのタイミングでも前向きな展開はありえます。ただ、ここが星の動きの上では、もっとも「目立つ」状態になっている、ということです。

2021年から2023年、愛を探す上で重要なポイントになりそうなのが、「経済力」と「性的関係」です。

このふたつは、パートナーシップを結んだ「あと」で大きな問題になる場合が多いのですが、この時期はあらかじめ両方の条件をたしかめたい、という方針を採りたくなるようです。

ただし、もちろん、永続的で望ましい愛の関係は、それ以前の「人間同士の信頼関係」を基盤として成り立ちます。

最初からお金のことや性的なことをあからさまに話題にすることは、信頼関係を築く上では当然、はばかられます。

両者は非常にデリケートなテーマで、だからこそ「パートナーになってしまってから発覚」することがよくあるのです。

この問題に有効な解決策を見いだすのは、非常に困難です。

相手の経済観念や経済状態、そして性的な傾向などを「ほかの行動パターンから予測する」ようなハウツーは、随所で語られています。

ですが、出会いの場ではだれもが自分をよく見せたいと願い、相手に嫌われたくないと思うもので、なかなか「真相を見抜く」ことができません。

さらに「よく見せたい、嫌われたくない」だけでなく、「目の前の相手が、できれば理想の人であってほしい」という願いも、人の目を曇らせます。

この3年のなかで、あなたはそうした「目を曇らせるもの」の向こう側にある、相手の本当の姿を見つめようとするはずです。

相手の素朴で正直な、飾らない部分を確認できたとき、あなたのなかにふわりと愛が生まれる、という展開になるのだろうと思います。

2010年ごろから、出会いがあっても何かと波瀾に見舞われ、なかなか安定的なパートナーシップを築けずにきた、という人もいるかもしれません。

そうした「波瀾」は、早ければ2021年、遅くとも2023年から2025年ごろには収束するでしょう。

人との深い感情の関わりによって心が一度焼かれ、そこからフェニックスのように新しい強い心が「再生」する、といったプロセスが、2023年3月末以降、収束フェーズに入るのです。

・パートナーがいる人

2021年には、2017年の終わりごろからの「他者への緊張感」が消えています。

この「他者」には、パートナーや恋人が含まれます。

過去2~3年のなかで、パートナーや恋人との関係性が大きく変わった、という人が少なくないだろうと思います。

この変化は、一瞬で変わってしまうような種類のものではなく、じわじわと「浸透していく」ような変化だったはずです。

たがいに引き受け合う責任や義務のかたちの変化。

どこか依存的だった関係から、たがいに自立した自由な関係へ。

幼かった関わりから、成熟した大人としての関わりへ。

歩み寄り、向き合い、語り合い、実践しながら、こうした変化を少しずつ実現してきた結果、数年前と比較して今のほうがずっと、強くたしかな関係を楽しめているのではないかと思います。

パートナーが人生の大きな転換期にさしかかり、それをサポートする体験を通して、自分自身が精神的成長を遂げた、という人もいるでしょう。

人生の転機は、フレッシュな面がある一方、精神的な危機を迎える瞬間でもあります。そうした、チャンスとリスクの境目を歩く相手を支えた経験は、あなたの人生観を大きく変えたかもしれません。

さらには、どちらかの長期出張や単身赴任など、一時的な不在を通して、おたがいの存在の重要さ、心の結びつきの深さを実感させられた人もいるでしょう。

さまざまな「変化」を通して、パートナーや恋人から、かつてなく多くのことを学んだ人が少なくないはずです。

あるいは逆に、パートナーと心の距離が広がったり、別れを考え始めたりした人もいたかもしれません。

物理的に少し距離を置くことで、自分の心を見つめ直した人もいるでしょう。

数年をかけて悩み、考え続けてきた人も、2020年の終わりには、一定の結論が出ているだろうと思います。

２０２１年から２０２３年の愛は、２０２０年までに起こったことを「起点」としています。２０２０年がひとつの大いなる「愛のスタートライン」で、２０２１年以降はそこからの初々しく生き生きとした「成長期」に当たっているのです。

より踏み込んだ関係を生き、言葉にならない体験を重ね、人が人と人生を共有するということの意味を、自分だけの物語としてとらえ直していけるでしょう。

この3年のなかで、愛に強いスポットライトが当たる場面は、たくさんあります。強い追い風が吹く時期もあります。ただ、この3年は、どちらかと言えばあなたの心は「外側」を向いています。

ゆえに、パートナーシップや愛については、「自然に」ではなく「意識的に」、働きかける必要があるだろうと思います。愛に意識を向けることを忘れてしまうと、ついつい愛情関係がなおざりになったり、パートナーへの配慮が薄くなったりしがちなのです。

「忙しいときほど、おたがいのことを考える」という態度が、この時期の愛を支えるでしょう。

・愛に悩んでいる人

その悩みが２０１７年の終わりごろからのものなら、２０２０年の年末には、悩みから抜け出せているはずです。遅くとも２０２１年のなかで、悩みは解決するでしょう。

あるいは、その悩みが２０１０年ごろからのものだとするなら、完全な収束は２０２３年から２０２５年ごろのこととなるかもしれません。

それでも、問題の本質は２０２０年のなかで明らかになり、２０２１年には解決への一歩を踏み出せているのではないかと思います。

２０２１年から２０２３年、愛やパートナーシップの世界では、経済的な問題が起こりやすくなっています。

「衣食足りて礼節を知る」と言われますが、愛に関しても、経済面での困難が、愛情関係の崩壊につながることは、よくあることなのです。

愛し合っているなら、困ったときに助け合うのは当たり前のことです。経済的な問題が出てきても、「ふたりで協力して解決していこう」「ひとりじゃなくてよかった」となりそうなものです。

でも、お金の問題は、人のプライドの問題と直結しています。性的な問題もそうです。世間体、恥、力関係といった、人間が生きる上での社会的な条件が、愛の関係にも深い傷を負わせることがあるのです。

お金や性的なことにまつわる悩みが浮上したら、それを「それ自体」だけでとらえず、誇りや心、感情を大きくとらえてみることがだいじです。

さらに、これらの問題も、遅くとも2023年3月頭までには解決していくはずです。永遠に続く悩みではない、ということがわかっていれば、対応もおおらかで余裕のあるものになるはずです。

・愛の季節

2021年1月、6月、10月末から2022年3月頭、2022年7月なかばから8月なかば、12月から2023年の年明け、そして2023年5月から6月頭、10月から11月などが、愛に強い追い風が吹く時期となっています。

特に2021年の終わりから2022年の頭は、今まで愛というものが見えにくかった人にとっては、それが「見えるようになる」時期となりそうです。

仕事、勉強、お金について

・仕事について

２０２２年５月なかばから10月、そして２０２２年12月下旬から２０２３年５月なかばにかけて、「大活躍・大ブレイク」のタイミングとなっています。

本書前半でも書いた通り、昇進、独立、転職、起業など、仕事のかたちをまるごと変える人もいれば、結婚や出産、介護などで社会的な活動のかたちが大きく変わる人もいるかもしれません。

新しい場所、新しいポジションで大活躍できるでしょう。

長いあいだ積み重ねてきた努力が報われます。長年の夢を現実のものとする人もいるはずです。

この時期起こるどんな変化も、もし「自分が望まないこと」ならば、拒否できますし、離脱もできるはずです。

どうしても自分が担わなければならないように思えることでも、もしそれが本当に自分の意志にそぐわないことであれば、冷静にとらえ直す必要があります。

たとえば、外部のサービスや社会的なシステムを利用したり、周囲の人々と分担したり、交渉のために専門家に相談したりと、あらゆる手段を使って「自分の納得できる生き方」に沿った選択ができるはずです。

なぜなら、ここで起こる変化は、あくまで「社会的な変化」だからです。どんなに個人的だと思えることでも、それが自分以外のだれかと密接に関わることならば、そして、責任と義務を伴うテーマならば、そこにはなんらかの「社会的要素」が含まれています。それは「自分だけの問題」ではないのです。

2022年後半から2023年の「大活躍・ブレイク」は、2021年から2022年前半の努力によって実現する、という流れがあります。

2021年、意識的に専門性を強化し、あるいは資格やスキルなど「新しい武器」を手に入れておくと、2022年後半からの景色は大きく変わるでしょう。

この時期の活躍においては「自力」も、ひとつのキーワードです。

2021年は例外ですが、2022年から2023年はどちらかと言えば「人からの経済的恩恵が受けにくい」時期となっているのです。

リソースの提供が止まったり、期待した融資が受けられなかったりと、ビジネスの上で「頼れる力」が少なくなるところがあります。

「頼れない」という前提から、自分自身でひねり出したアイデアが、結果的に大成功につながる、という流れも考えられます。

制限のあるところにチャンスが生まれるのです。「制限」はこの時期、決してネガティブな要素ではないようです。

「(2021年を除き)経済的な恩恵は受けにくい」とはいえ、「仲間」にはむしろ恵まれる時期です。新しい発想を持った自由な人々と、伸びやかなネットワークをつくって協力し合えるでしょう。

上下関係のきつい組織のような世界は、この時期はほとんど縁がないかもしれません。ふだんは古式ゆかしい組織に所属している人も、この時期だけはたとえば「出向」のようなかたちで、一時的に外に出ることになるかもしれません。

ちなみに、2010年ごろにも非常に忙しかったか、あるいは社会的立場ががらっと変わった人が少なくないはずですが、そのころと少し似た星の配置になります。ただ、2010年ごろのような「爆発力」は、ここではそれほど感じられないかもしれません。あのときにくらべると少し穏やかな、でも、力強い進展と上昇の勢いに包まれるでしょう。

・勉強について

2021年から2022年は「学びの季節」です。

特に、2012年ごろから「こういうところを強化しなければ」「これを学んでおかなければ」と不安視していたテーマがあれば、2021年から2022年前半のなかで、ガッチリその部分を強化できそうです。

たとえば漠然とイメージしていることがあっても、それを語るための言葉がなければ、人に伝わりませんし、状況を変えることもできません。

2021年から2022年前半は、「伝えるための言葉」が手に入る時期と言えます。

これまであなたが思い描いてきたこと、無意識に目指していたものに向かって、具体的に登っていくための手段、ハシゴが手に入るのです。

2021年から2022年前半の学びは、専門的で、高度で、未知の世界に関係していて、遠い世界とつながっています。たとえば語学に打ち込む人もいれば、新しい専門分野を開拓する人、ひとつのテーマについて深く研究する人もいるでしょう。

「未来に取り組みたい活動」が見えていれば、この時期の学びはとことんはかどります。漠然と「勉強しなきゃ」という思いだけがある人は、何かしら手掛かりが必要となるかもしれません。

学校に入ったり、留学したりする人も多そうです。

もといい、今は遠く旅することがかなりむずかしく、２０２１年以降も「大々的に解禁！」となるまでには時間がかかりそうです。それでも、遠い世界へのあこがれがあるなら、その準備を着々と始めておくと、いつか来るチャンスをつかみやすくなるでしょう。

・お金について

２０２１年は、経済面で強めの上昇気流に包まれます。特に「人から提供されるリソース」が、とてもゆたかです。

経済的な人間関係が外側に広がり、社会的な力の強化を実感できるでしょう。

個人の生活のなかでも、２０２１年は特に、外部からのサポートを受けやすい時期となっています。大きな贈与を受けるようなこともあるかもしれません。

2022年以降は、2021年に「受け取ったもの」を、自分の力でしっかり育てていくフェーズに入ります。

ここでは、むしろ自分自身の経済力が問われるでしょう。

たとえば、パートナーの経済活動が一時的に縮小し、生活スタイルを変えることを余儀なくされる、といったことも起こるかもしれません。とはいえ、このことは大きな問題とはならないようです。

むしろ、他者からの経済的な支配力が弱まることで、生活や人生における自由度が増し、自立への道が開かれる、といった展開になる気配があります。

お金の貸し借りについて問題を抱えていた人は、この3年のなかで前向きに問題を解消し、スッキリと「清算」できそうです。この時期に「借金を返し終える」といったうれしい局面を迎える人も多そうです。

2023年6月から10月上旬は、経済面でとてもうれしいことがありそうです。収入がぐっと増えたり、いい買い物ができたりしそうなタイミングです。ただ、この時期は物欲が増し、お金を「使いたい」衝動も強まります。締めるところは締めて、使うところは使う、というメリハリを大切に。

住処、生活について

・住処、家族

この3年は意識が「外へ、外へ」と向かいがちです。

ゆえに、家族や身近な人のための時間が自然、短くなってしまうかもしれません。同じ時間を割いていても、どこか上の空だったり、聞いているはずの話が頭に入ってこない、といったこともありがちです。

昨今は特に、「家族の団らん」のような場でも、何人かはスマートフォンをいじっている、といったことがふつうになってきているようです。

一人ひとりが自由に、リラックスしてすごすことはもちろん、悪いことではないのですが、もし可能なら、この時期は少し意識して、「いっしょにいるときはスマホを切る」といった努力をすると、あとで「ああしておいてよかった」と思えることがあるかもしれません。

時間は無限にあるように思えますが、だれの時間も有限です。自分の生きている時間を「だれのために使うか」で、人生がつくられていく、と言っても過言ではありません。

この3年間は特に、そのことを意識する場面が増えそうです。「家族のために稼ぐ」「家族のために家事をする、世話をする」ことはもちろん、すばらしいことです。なくてはならないことです。

でも、たとえば人生の終点で、過去をずっと振り返ったとき、「あのとき、ああしておけばよかった」と思うことがあるとしたら、それはどんなことでしょうか。

自分の生活時間をひとつの「有限な財産」ととらえたとき、だれのためにどう使うか。

この問いが、とても役に立つ場面があるのではないかと思います。


また、家族や身近な人の世話のために、自分の生き方が制限されている、と感じる人は、その状況を変えられます。

「家族の一員としてどう責任を持つか」ではなく、「社会人のひとりとしてどうこの問題を解決するか」といった、客観的で冷静な視点を持つことで、自分自身を抑圧していくような状況を「解体」できる可能性があります。

「個人の問題」を「社会の問題」としてとらえ直したとき、新たに「第三の道」が見つかるかもしれません。いろいろな人に話を聞き、できる限りたくさんの情報を集め、思いきってアクションを起こして、長いあいだの閉塞状態を打開する人も少なくないはずです。

・生活、健康

目に見えないところに問題を抱えやすいかもしれません。「人には言えない」と思えるようなことほど、きちんと病院で検査を受けるなど、専門家に相談することがだいじです。特に泌尿器、排泄に関すること、生殖器関係などの問題は、「気持ちの問題」を乗り越えて、早めに対応を。

3年を通して、社会的立場が変わったり、移動が増えたりする時期なので、ストレスを抱えやすい時期と言えます。ワーカホリックにもなりやすく、無理をしてしまう人も多そうです。

慢性的な不調にはくれぐれも注意を。

2022年8月下旬から2023年3月は、隠れた問題にしっかり向き合える時期です。体調不良からも目を背けず、問題解決に向けて行動を起こせそうです。

夢、楽しみについて

・夢

夢はとにかく新しく、おもしろくなっていくでしょう。

だれかの背中を追いかけるような夢ではなく、だれも見たことのないものを、自分の手でつくってみたい！　というような夢を描けます。

そして、その夢はかなりスピーディーに、実現してゆくようです。

夢は描くものであると同時に、「出会う」ものでもあります。

時代の最先端をゆくような夢、時代を変えていくような夢に、電撃的に「出会う」こともあるかもしれません。

「夢」と「仲間」が一体化している可能性もあります。

ある人との出会いが、新しい夢への入り口となるのかもしれません。

２０２３年5月なかば以降、大きな夢を描き、それを実現するための行動を起こす流れが加速します。

２０２０年の終わりごろから少しずつ描いてきた夢が、２０２３年なかば以降、一気にふくらみ、具体化していくかもしれません。

関わる人の数が増え、夢のための新しい場が生まれます。

これまでよりずっと強く「世の中」にコミットする人も多そうです。

人々のなかへ、世間のなかへ、未来の社会をつくる活動のなかへと足を踏み入れることになるかもしれません。

２０２３年なかばからの約１年は、ごく広い意味で「夢を生きる季節」なのです。

・楽しみ

蟹座の人々は基本的には、「慣れ親しんだこと」に楽しさを感じる傾向があります。新しい楽しみの世界に足を踏み入れることは、怖さや緊張を伴うので、ふだんはかなり抵抗があるようです。

でもときどき、視野が狭くなっていることに気づいて「これでは、いけない！」と自分を叱咤激励したり、あるいはすべてのことに飽きてしまって「そろそろ何か別のことを」と思い立ったりして、突如、新しいものにどーんと挑戦することになります。

２０２１年から２０２３年は、そんな「新しいことに挑戦する」選択をしやすい時期となっています。

特に、友だちや知人のお誘い・おすすめが、そのきっかけになるかもしれません。冒頭から述べてきた「受け取るもの・ギフト」にも、これが当てはまります。夢中になれるジャンルを紹介してもらったり、新しい世界に連れて行ってもらったり。

「扉を開く」ために力を貸してくれる「友」の存在に恵まれる時期なのです。

自分、人間関係について

人間は一人ひとり、切り離された個人として生きています。

でも、自分で思うよりずっと、人間は他者や外界とつながって生きているところがあります。

パートナーとの出会いや子育てなどを通して「人が変わった」と言われるほどの大変容を遂げる人もいれば、大切な人を失って深く傷つき、長いあいだ立ち直れなくなる人もいます。

もし私たちが本当に「他者と切り離された、個」として生きているなら、これほどまでに他人の意見を気にし、他人の存在や生死に、人生を一変させられることはないはずです。

自分以外のだれかの存在が、まるで神様のように、自分の人生に「君臨」してしまうこともあります。

親の意見、先生の意見、パートナーの意見、世間の意見、「心のヒーロー」のようなあこがれの人物の意見。「意見」ではなく「存在」そのものが、心のすべてのようになってしまう場合もあります。

ですが、人から強い影響を受けることや、人の支配下にあると感じることは、現代を生きる私たちにとって、あまりうれしいことではありません。「人から支配されている」と認めるのは、屈辱です。

ゆえに、私たちは他者との精神的な深いつながりや拘束、抑圧などを「認めない」

ことがあります。

どんなに影響を受けていても、どんなに振り回されていても、「そんなことはない、私は自分の意志で生きている」と思い込んでしまうのです。

自分がだれの影響を受けていて、だれに強く支配され、だれを模倣して生きているのか。そのことを意識し、認めることができたとき、私たちは相手の支配下から一歩、外に出られます。

たったひとりの人の影響を色濃く受けている人もいれば、たくさんの人をロールモデルとして目指している人もいます。

そのことが自分で理解できていれば、「支配されている」とは言えないかもしれません。でも、無意識に、あるいは否定しながら影響を受け続けているのだとすれば、これは少し、危険な状態なのだろうと思います。

蟹座は「模倣の星座」であり、かなり容易に人の考えを自分のものにすることができます。これはひとつの特技です。星座を問わず、だれもが他人の言葉や考えを、自分のなかに取り入れて咀嚼《そしゃく》し、それを使って生きています。「学ぶ」とはそういうことです。完全にゼロからすべてを思いつく人などいません。

ただ、たったひとりの人の模倣に終始してしまったり、「鵜呑み」にしてしまったり、だれかの言うことをイタコのように語ったり、ということは、危険です。それは、自分を乗っ取られたような状態です。

たくさんの人から学ぶこと、広い世界に触れることは、そうした危険をかぎりなく少なくしてくれます。

2021年から2023年のなかで、あなたは自分とだれかとの強い結びつきを、さまざまなかたちで自覚することになるでしょう。

深い学びを通してそれを実現する人もいるでしょうし、幾人かの師の導きによって、強い支配関係から脱出できる人もいるかもしれません。

人からの目に見えない、強い影響の重力から、すうっと抜け出すことができます。

また、自分自身がだれかを支配していたことに気づいて、その手を離すことができるのかもしれません。


この変化は、あなたを孤独にすることはありません。

むしろこの変化こそが、これまでの孤独から、あなたを解放してくれるでしょう。

支配関係が消えた、その向こう側であなたを待っているのは、真に対等な、広やかな、愛の関係です。

第4章

3年間の星の動き

2021年から2023年の「星の動き」

星占いにおける「星」は、「時計の針」です。時計の中心には地球があります。そして「時計の文字盤」である12星座を、「時計の針」である太陽系の星々、すなわち太陽、月、7個の惑星（地球は除く）と冥王星（準惑星）が進んでいくのです。

ふつうの時計に長針や短針、秒針があるように、星の時計の「針」である星たちも、いろいろな速さで進みます。

星の時計でいちばん速く動く針は、月です。月は1カ月弱で、星の時計の文字盤である12星座をひと巡りします。ですから、毎日の占いを読むには大変便利ですが、本書であつかう「3年」といった長い時間を読むには不便です。

年単位の占いをするときまず、注目する星は、木星です。木星はひとつの星座に1年ほど滞在し、12星座を約12年で回ってくれるので、年間占いをするのには大変便利です。

さらに、ひとつの星座に約2年半滞在する土星も、役に立ちます。土星はおよそ29年ほどで12星座を巡ります。

もっと長い「時代」を読むときには、天王星・海王星・冥王星を持ち出します。

占いの場でよく用いられる「運勢」という言葉は、なかなかあつかいのむずかしい言葉です。

「今は、運勢がいいときですか？」

「来年の運勢はどうですか？」

という問いは、時間が「幸運」と「不運」の2色に色分けされているようなイメージから生まれるのだろうと思います。


でも、少なくとも「星の時間」は、もっとカラフルです。

木星、土星、天王星、海王星、冥王星という星々がそれぞれカラーを持っていて、さらにそれらが「空のどこにあるか」でも、色味が変わってきます。

それらは交わり、融け合い、ときにはストライプになったり、チェックになったりして、私たちの生活を彩っています。

決して「幸運・不運」の2色だけの、モノクロの単純な風景ではないのです。

本書の冒頭からお話ししてきた内容は、まさにこれらの星を読んだものですが、本章では、木星・土星・天王星・海王星・冥王星の動きから「どのように星を読んだのか」を解説してみたいと思います。

木星：1年ほど続く「拡大と成長」のテーマ
土星：2年半ほど続く「努力と研鑽」のテーマ
天王星：6~7年ほどにわたる「自由への改革」のプロセス
海王星：10年以上にわたる「理想と夢、名誉」のあり方
冥王星：さらにロングスパンでの「力、破壊と再生」の体験

ちなみに、「3年」を考える上でもっとも便利な単位のサイクルを刻む木星と土星については、巻末に図を掲載しました。過去と未来を約12年単位、あるいは約30年単位で見渡したいようなとき、この図がご参考になるはずです。

・木星と土星の「大会合」

本書の「3年」の直前に当たる2020年12月、木星と土星が空で接近しました。「グレート・コンジャンクション（大会合）」と呼ばれる現象です。

肉眼でもはっきり見える「天体ショー」ですから、その美しい光景を記憶していらっしゃる方も多いでしょう。

あの隣り合う木星と土星の「ランデヴー」は水瓶座、すなわち、蟹座の人々から見て「他者の財、ギフト、隠されたもの、性愛」を示す場所で起こりました。

2星は2021年、ほぼこの場所でいっしょにすごします。

そして翌2022年、木星は魚座へと出て行ってしまいますが、土星は2023年早春までこの場所に滞在します。

ゆえに本書のかなりの部分が、「受け取るもの」、すなわち「ギフト」についての記述に割かれることになりました。

このグレート・コンジャンクションは、約20年に一度起こる現象です。ゆえに２０２０年年末は「ここから20年の流れのスタートライン」と位置づけることができますし、両者が同じ場所に位置する２０２１年という時間そのものが、ひとつの大きな「始まりの時間」と言うこともできます。

２０２０年12月のグレート・コンジャンクションは、蟹座の人々にとって、世界からの贈り物を「渡し始める」ようなタイミングだったと言えます。たとえて言うなら、「流しそうめんのスタート」です。

ここからどんどん「そうめん」が流れてきて、あなたはそれをキャッチしては食べ、あるいは人に回す、といった作業に取り組むことになるのです。

・土星の動き

土星は「時間をかけて取り組むべきテーマ」をあつかいます。

たとえば「ひとつの職場には、最低でも3年は在籍したほうがいい」などと言われます。これはもちろん、どんな場合にも当てはまるアドバイスというわけではありません。ですが土星のサイクルに当てはめると、ピンとくる気もします。「石の上にも三年」と言われる通り、3年ほどがんばってみてはじめて「モノになる」ことは、世の中に、けっこうたくさんあります。

それは星占い的に言えば「土星のテーマ」です。


前述の通り2020年、土星は蟹座から見て「他者の財、ギフト、隠されたもの、性愛」の場所に入ります。そこから3年弱の時間をかけて、あなたは他者との関わりの、もっとも深いところに分け入ります。

人との関わりの表面的なところを抜けて、もっと抜き差しならないところに入り込みます。たとえば人のお金を管理することになったり、だれかの財を受け継ぐことになったりするのかもしれません。他者の持っているものや人生に対して、新しい責任を負うことになるのです。

実は、この場所（水瓶座――蟹座の人にとって「他者の財、ギフト、隠されたもの、性愛」を司る場所）の土星は、ごく「居心地がよい状態」にあるとされます。だれしも自分の部屋にいるときはたいてい、安心できるものですが、それに似て、「土星が自宅にいる状態」なのです。

土星は一般に「制限をかけるもの、孤独、冷却」とされ、重荷や重圧をもたらすと解釈されますが、山羊座と水瓶座においては「よいところが出やすい」と言われるのです。

ゆえに、この3年間の蟹座の「受け取る」作業は、基本的には前向きに、発展的に進んでいくでしょう。「責任を引き受けること」は、同時に「権力を手に入れること」につながります。大きな力を持ち、それを使うことは、決して簡単なことではありませんが、喜ばしい部分もたくさん含んでいます。やりたいと思ったことを実現できますし、尊敬する人々と対等に渡り合えるようになります。自分が強くなることで、よりたしかな人間関係のなかに身を置くことができます。

人生にはさまざまなリスクがつきものですが、だれもがそのリスクと向き合って生きていきます。ノーリスクで生きている人はいません。リスクを管理し、無用のリスクを避け、必要なリスクは引き受けて生きていくしかありません。

この2023年3月までのなかで、あなたの「リスクに対する態度」は、大きく変わるでしょう。リスク管理がうまくなるとともに、恐れるべきものを恐れ、恐れるべきでないものは恐れない、という姿勢を育てていけるのです。

それはつまり、ひとつ大人になるということ、強くなることを意味します。

・木星の動き

２０２０年12月に水瓶座に入った木星は、そこから3年をかけて、あなたから見て「外界」に当たる場所を進んでいきます。

「他者の財、ギフト」から「未知の世界、冒険、学び」、そして「社会的立場、キャリア」、さらに「仲間、未来、夢」。あなたから見てこのような世界を、木星が運行していくのです。

木星は古くから「幸福の星」とされ、「成長と拡大、膨張の星」でもあります。

この3年を通して、あなたの行動範囲はどんどん大きくなり、社会的地位は上昇し、関わる人の数も増えていくでしょう。

木星のこのルートは、いわば「成功へのルート」です。

前述の通り、２０１０年ごろ「ブレイク」「社会的立場の激変」を経験した人は、

２０２２年から２０２３年にかけて、あれよりも少し穏やかではあるものの、似たところのある上昇を経験することになるかもしれません。

やりたいことがあれば挑戦すべきですし、「できそうなこと」のなかに目標をおさめてしまう必要はありません。

目標を高く掲げれば掲げるほど、この時期あなたが体験することのスケールも大きくなるはずです。

・木星と海王星のランデヴー

２０２１年５月なかばから７月、そして２０２１年12月末から２０２２年５月、さらに２０２２年10月末から12月中旬の３つの時間は、少々特別な時間と言えます。

というのも、あなたから見て「遠い世界、未知の世界、旅、冒険、学び」などを象徴する場所に、海王星と木星が同座するからです。

海王星も木星も、この場所では「強い力を発揮する」とされています。つまり、あなたの世界と「遠い世界、未知の世界」とのあいだに、この時期特別大きくて丈夫な架け橋が架かる、ということになるのです。

この橋を渡れば、どこでも好きなところに行けそうです。

特に、2012年ごろから「いつかこういう世界に行ってみたい」と思っていたなら、その夢が叶うかもしれません。

この「世界」は、物理的な国や地方なども当てはまりますし、「業界」や「ある分野」「同じ知識を持つ人々の集まり」なども含まれます。ごく広い意味で「行ってみたい世界」があったなら、そこに行けるタイミングなのです。

すばらしい「導き手」に恵まれる人もいるでしょう。

「大きな声」を手に入れる人もいるかもしれません。非常に広い範囲の人々に届く「発信力」を身につけられる、ということです。

精神の飛躍的な成長を遂げる人もいるでしょう。

「信じられるもの」に出会う人もいるでしょう。

無意識のなかで静かに育ってきたものが、突然意識化され、状況が急展開するかもしれません。

・天王星の動き

天王星はこの3年のあいだ、あなたから見て「未来、夢、仲間、フラットな人的ネットワーク」などを象徴する場所に位置しています。天王星は自由と革命の星であり、テクノロジーと新時代を象徴する星でもあります。

天王星はひとつの星座に7年ほど滞在するのですが、2019年ごろからずっと、あなたは「新しい未来のかたち」を見つめ続けてきたかもしれません。

古い交友関係が解体される一方で、新しい関係が少しずつ、育ちつつあるかもしれません。一時的に孤独を感じても、時間が経つほどに孤独感はうすらいでいきます。これからどんな人々と関わっていくべきかが、わかってくるからです。あなたの人生はこの時期、新しいものや外界、遠い未来に向かって、大きく開かれた状態になっています。

これまで自分を守ってくれていた世界から脱出し、自分ひとりでの開拓を試みる人も少なくないはずです。

「所属」ということに、かつてなくこだわらなくなっているあなたがいるだろうと思います。

２０１９年からの約７年の時間のなかでも、２０２０年からの３年は特別な時間と言えます。というのも、木星や土星が水瓶座を通る時間だからです。

水瓶座は天王星の「自宅」なので、天王星はほかの星座にいるときも、常に本国の水瓶座と太いパイプを持っているのです。

水瓶座に木星と土星が入っている時間は、そこで起こった変化や動きの成果が、勢いよく牡牛座（蟹座から見て「未来、夢、仲間、フラットな人的ネットワーク」などを象徴する場所）に流れ込みます。

このかたちは、「経済的な自立が、自由な人間関係と未来に向かうことを可能にする」「他者との支配的な関係を解除し、より大きな人間関係に入っていく」といった流れを感じさせます。

自由は不安なものです。2019年ごろには、そうした不安を強く感じた人も多かったはずです。でも、2021年から2023年のなかで、自由への不安はだんだん消えていき、かわって自由であることの喜びと、「自由をどう生きるか」のアイデアが、どんどん増えていくでしょう。

かつて「これこそが守るべき財産だ」と感じていたものをあえて投げ捨て、新しい価値を見いだす人も少なくなさそうです。

・冥王星の動き

冥王星は２０１０年ごろから「一対一で関わる他者、パートナーシップ、人間関係、敵」などを象徴する場所に位置しています。

この星が次の場所、あなたから見て「他者の財、ギフト、隠されたもの、性愛」の場所へと移動を開始するのが、この２０２３年3月です。

２０１０年ごろから、あなたは非常に強力な人間関係のなかに身を置いてきたのではないかと思います。それは逃れがたいような、ある意味「運命的」な、あるいはあらかじめ決まっていたと思えるような関わりだったかもしれません。

その関係はある意味支配的であり、あなたはその関係のためにさまざまな犠牲を払ってきた部分があるようです。

それでも、逆にその関わりからさまざまな養分を吸い上げ、得がたい体験を授けられ、大いに成長の糧としてきたあなたもいるはずです。

２０１０年からの人間関係やパートナーシップは、あなたの生き方を一時的にでも、一変させたのではないかと思います。過去の自分なら決して受け入れなかったであろうことを、この時期のあなたは、不思議と受け入れていたのではないでしょうか。

だれかに大きく振り回されたり、生き方を変えさせられたりしても、そのプロセスのなかに神秘的な「生きることの意味」のようなものを見いだし、そこに何かを「賭けて」いたあなたがいたのではないかと思います。

あるいは「その人」との関わりに自分をゆだねきることで、長いあいだ解決しなかった根の深い問題が、いつのまにか消え去っていた、といったことも起こったかもしれません。

このプロセスは２０２３年３月、一段落します。完全に終了するのは２０２４年ごろになりますが、強烈で密度の高い、無意識に支配し合うような人間関係が、２０２３年３月以降、収束に向かうはずです。

特に２０２０年に、前記のテーマが大きく動いたはずですが、２０２１年からの３年のなかで言えば、２０２１年11月から２０２２年３月頭にかけて、前向きな変化が起こるかもしれません。

人の愛情を強く感じられますし、これまでのあなたの努力が大いに報われる時期となるはずです。あなたが犠牲にしたものについて、「その人」が深く理解してくれるのかもしれません。

２０２３年３月からの冥王星はあなたに、「自分の世界に招じ入れてもいいものと悪いもの」について、深く考えさせてくれます。

特に、「何を招き入れるか」ということは、人間の欲望と関係します。たとえば、「詐欺師は、人の欲望を刺激する」と言います。人をだまそうとする人は、まず相手のしてほしいことをよく知ろうとするのです。欲望を刺激されると、私たちは「ゲート」を開けようとします。でも、本当にそれを招き入れても大丈夫なのかどうか、そこに注意しなければならないのです。

一方、リスクを恐れるあまり、すべての欲望を無視して「完全にゲートを閉じる」という選択もあります。これは、たとえば引きこもりのようなアクションに通じます。ゲートを開きっぱなしにすることも、閉じたままにすることも、どちらもよいことではないのです。

いつゲートを開き、いつ閉めるのか。

どんなに気をつけても、正解だけを選び続けることはできません。ゆえに、私たちは自分の欲に振り回されますし、病気になったりすることもあります。「マスクをして、手を洗って」というのは、「ゲートを閉める」ことです。でも、ものを食べるときには、マスクをはずさねばなりません。

自分の世界に、何を招じ入れるか。

この選択は決して、道徳的・教科書的な発想からだけでは、判断ができない部分を含んでいます。

たとえば、だれも人生から死を追い出すことができないように、人生にはよくないもの、悪いものもかならず、存在します。

たとえば、ある人からの贈り物を受け取ることがいいことなのかどうか。ときには贈り物を突っ返さなければならないような場面も、人生には起こります。

２０２３年３月以降の冥王星は、あなたにそんな問いを投げかけるはずです。

第5章

蟹座の世界

蟹座の世界

蟹座の本質はその「甲羅」にあります。
蟹は、かたい殻に覆われています。
蟹座の人もまた、かたい殻のなかに自分の膨大な感情をしっかり守っています。
「感情」は、星占いの世界では「水」にたとえられます。
水は、何か容れ物がなければ、流れ去ったり、飛び散ったりしてしまいます。
幼いころ、私たちが大いに泣きわめいたのは、感情を入れる容れ物がしっかりしていなかったからです。

蟹座の人々は生まれつき、人一倍多量な感情の水を持っています。ゆえに、それが暴れ出して大変なことにならないよう、しっかりした甲羅のなかに水を入れて、管理しているのです。

蟹座の人の甲羅のなかは、ひとつの小宇宙です。甲羅のなかに入れたものを、蟹座の人は自分自身と同じようにあつかいます。親友や愛する人、好きなもの、認めたものなどを、すべて甲羅のなかに招き入れて、それを全力で守りながら生きるのが蟹座のあり方です。

「甲羅のなかに入っているから愛する」一方で、「愛するものしか甲羅のなかには入れない」のも、蟹座の方針です。ゆえに蟹座の人は、血のつながった家族であっても、気が合わなければ「甲羅の外」に放り出します。

この「愛」は、幼い状態ではごく個人的な愛情に限られますが、成長すると「人類愛」のような非常に大きな愛となります。

何度も脱皮を繰り返して、蟹座の甲羅は成長を続けます。そうして成長し、成熟した蟹座の人は、おそらくその甲羅のなかに、この宇宙全体を飲み込んでしまうこともできるのです。

蟹座の人々はとても親しみやすく、好きな人と親身につきあいます。慣れた場所を好み、見知らぬものを強く警戒します。

ですがその一方で、しばしばひとりで決断し行動します。びっくりするような大胆な行動に出ることもありますし、突発的に無謀な冒険を試みることもあります。

そうした冒険こそが、実は「甲羅の脱皮」のタイミングなのです。

蟹座の星

蟹座を支配する星は、月です。

月は星占いの世界で「感情、母なるもの、変化、女性性、クセ、子ども時代のこと、人には見せないプライベートな思い、もうひとりの（多くの場合は少々意外な）自分自身」などを象徴します。

古来、人々は月の姿のなかに、さまざまなものを見てきました。月の満ち欠けは女性の生理周期と重なりますし、女性のおなかは満ちていく月のようにふくらみ、子どもが生まれるとしぼみます。ゆえに、月は「母なるもの」「女性性」と強く結びつけられていました。

また、銀色に光る月はその清浄さから、清らかな「処女性」のイメージをも担います。「母」と「処女」は一見、矛盾するようですが、「母親」という存在のなかには、性的なイメージがあってはなりません。「聖母マリア」のイメージのように、母性と処女性はそのイメージにおいて、決して矛盾しないのです。

三日月の弓のようなかたちは「狩猟」を連想させ、その連想は月の女神アルテミスと結びつけられました。

また、神秘的な変化を遂げる不思議な光は、魔術や呪い、人の心のなかに隠れた密かな願いを叶える神としての力を感じさせたようです。このイメージは、同じく月の女神ヘカテー、ヘカテーに祈ってさまざまな魔法を使った王女メディアの神話などに現れています。

月は清らかさや豊穣といった明るいイメージの一方で、変容や神秘という暗いイメージをも担わされています。月は夜を照らすものでありながら、あくまでも夜の女神、闇の女王なのです。

泥のなかから清廉な蓮の花が顔を出し、人間はみな死んで土に還ります。命の本質は、人間が恣意的に分けた善悪や清濁といった区別とは、別の次元にあるもののようです。光と闇の境目、人の心を護るもうひとつの、目に見えない世界。

蟹座はそうした命の生成の本質の、いちばん深く、いちばん身近なところを支配する星座なのです。

おわりに

シリーズ3作目となりました『3年の星占い　2021-2023』をお手に取っていただき、まことにありがとうございます！

3年ごとに出る本、ということで、首を長くして待っていてくださった読者のみなさまもたくさんいらっしゃり、本当にありがたく思っております。

また、今回はじめて手に取ってくださったみなさまにももちろん、お楽しみいただける内容となるよう、力を尽くしたつもりです。

ひと昔前、まだコンピュータが一般的でなかったころは、星の位置を計算するだけでも大変な作業で、星占いはどちらかと言えば「むずかしい占い」でした。たった20年ほど前、私が初学のころは、天文暦を片手に手計算していたものです。それが、パソコンが普及し、インターネットが爆発的に広まった結果、だれもが手軽に星の位置を計算した図である「ホロスコープ」をつくれるようになりました。今ではスマートフォンでホロスコープが出せます。

こうした技術革新の末、ここ数年で「星占いができる」人の数は、急激に増えてきたように思われます。

とはいえ、どんなに愛好者の人口が増えても、「占い」は「オカルト」です。決して、胸を張って堂々と大通りを闊歩できるようなジャンルではありません。むしろ、こっそり、ひそやかに、「秘密」のヴェールに守られて楽しんでこその「占い」ではないか、という気もします。

もともと「占いを楽しむ」という表現自体、ちょっと首をかしげたくなるところもあります。この表現はこのところごく一般的で、私も「お楽しみいただければと思います」という言い方をしばしば用います。でも、実際はどうだろうか、と思うのです。

占いははたして、「楽しい」でしょうか。

もちろん「仲のよい友だちといっしょに、旅先で占いの館を訪れて、おたがいに結果を見せ合う」とか、「飲み会に占いの本を持ち込んで回し読みしてワイワイやる」などのシチュエーションなら、占いは少しドキドキする、楽しいエンタテインメントです。

ですが、その一方で、不安や悩みを抱え、追い詰められた人が、「藁《わら》にもすがる」

思いで占いに手を伸ばすとき、その思いは「楽しさ」とはかけ離れています。「占い」は、楽しく、ちょっとふざけたものである一方で、非常に真剣で、極めて切迫したものとなるのです。恥ずかしながら私自身も、冷たい汗をかくような強い不安のなかで、占いに救いを求めた経験があります。

とりわけ2020年、全世界が突如、冷水を浴びせかけられたような、いわゆる「コロナ禍」に陥りました。多くの人々が突発的に、経済的な問題、人間関係上の問題、健康問題など、切実極まる問題に直面しました。

この人々が、いったいどんな気持ちで、こっそりと占いに手を伸ばしたことでしょうか。

それを想像するだけでも、胸を締めつけられるような思いがします。

日々私が書いている「占い」は、そうした、悩める心にこたえるものだろうか。
残念ながら私には、それに「こたえられる」自信が、まったくありません。

「占い」の記事は、フィクションやノンフィクションといった一般的な読み物と違い、読み手が自分自身の人生に、占いの内容をぐいっと引き寄せたとき、はじめて意味を持ちます。

ゆえに、読むタイミングが違えば、同じ占いの記事でも、まったく別の意味を持つことがあります。

最近、インスタグラムで、前作、前々作の『3年の星占い』の画像をアップしてくださっているのをしばしば見かけます。それらの画像に写る本の姿は、カバーも折れたり、スレたり、ヨレたりして、くたっとくたびれています。

そんなになるまで何度も読み返し、そのたびに違った意味を汲み尽くしていただいたのだ、と、心がふるえました。

私が書いたつもりのことを超えて、みなさんの手に届き、その人生に触れたときに、はじめて生まれる「意味」があるのではないか。

少なくとも今は、そのことを信じて、本書をお届けしたいと思います。

こんなことを書いた上で、あえて申し上げたいのですが、この『3年の星占い』、みなさまに「楽しんで」いただけることを、私は心から願っているのです。

というのも、ここからのみなさまの「3年」が、真にゆたかで希望にあふれる、幸福な時間となるならば、この本もおのずと「楽しくなる」に違いないからです！

太陽星座早見表
（1930～2027年／日本時間）

太陽が蟹座に入る時刻を下記の表にまとめました。
この時間以前は双子座、この時間以後は獅子座ということになります。

生まれた年	期　間
1954	6/22　7:54～7/23　18:44
1955	6/22　13:31～7/24　0:24
1956	6/21　19:24～7/23　6:19
1957	6/22　1:21～7/23　12:14
1958	6/22　6:57～7/23　17:49
1959	6/22　12:50～7/23　23:44
1960	6/21　18:42～7/23　5:36
1961	6/22　0:30～7/23　11:23
1962	6/22　6:24～7/23　17:17
1963	6/22　12:04～7/23　22:58
1964	6/21　17:57～7/23　4:52
1965	6/21　23:56～7/23　10:47
1966	6/22　5:33～7/23　16:22
1967	6/22　11:23～7/23　22:15
1968	6/21　17:13～7/23　4:06
1969	6/21　22:55～7/23　9:47
1970	6/22　4:43～7/23　15:36
1971	6/22　10:20～7/23　21:14
1972	6/21　16:06～7/23　3:02
1973	6/21　22:01～7/23　8:55
1974	6/22　3:38～7/23　14:29
1975	6/22　9:26～7/23　20:21
1976	6/21　15:24～7/23　2:17
1977	6/21　21:14～7/23　8:03

生まれた年	期　間
1930	6/22　12:53～7/23　23:41
1931	6/22　18:28～7/24　5:20
1932	6/22　0:23～7/23　11:17
1933	6/22　6:12～7/23　17:04
1934	6/22　11:48～7/23　22:41
1935	6/22　17:38～7/24　4:32
1936	6/21　23:22～7/23　10:17
1937	6/22　5:12～7/23　16:06
1938	6/22　11:04～7/23　21:56
1939	6/22　16:39～7/24　3:36
1940	6/21　22:36～7/23　9:33
1941	6/22　4:33～7/23　15:25
1942	6/22　10:16～7/23　21:06
1943	6/22　16:12～7/24　3:04
1944	6/21　22:02～7/23　8:55
1945	6/22　3:52～7/23　14:44
1946	6/22　9:44～7/23　20:36
1947	6/22　15:19～7/24　2:13
1948	6/21　21:11～7/23　8:07
1949	6/22　3:03～7/23　13:56
1950	6/22　8:36～7/23　19:29
1951	6/22　14:25～7/24　1:20
1952	6/21　20:13～7/23　7:07
1953	6/22　2:00～7/23　12:51

生まれた年	期間
2003	6/22 4:12 ～ 7/23 15:04
2004	6/21 9:58 ～ 7/22 20:50
2005	6/21 15:47 ～ 7/23 2:41
2006	6/21 21:27 ～ 7/23 8:18
2007	6/22 3:08 ～ 7/23 14:00
2008	6/21 9:00 ～ 7/22 19:55
2009	6/21 14:47 ～ 7/23 1:36
2010	6/21 20:30 ～ 7/23 7:21
2011	6/22 2:18 ～ 7/23 13:12
2012	6/21 8:10 ～ 7/22 19:01
2013	6/21 14:05 ～ 7/23 0:56
2014	6/21 19:52 ～ 7/23 6:41
2015	6/22 1:39 ～ 7/23 12:31
2016	6/21 7:35 ～ 7/22 18:30
2017	6/21 13:25 ～ 7/23 0:15
2018	6/21 19:08 ～ 7/23 6:00
2019	6/22 0:55 ～ 7/23 11:51
2020	6/21 6:45 ～ 7/22 17:37
2021	6/21 12:33 ～ 7/22 23:27
2022	6/21 18:15 ～ 7/23 5:07
2023	6/21 23:59 ～ 7/23 10:51
2024	6/21 5:52 ～ 7/22 16:45
2025	6/21 11:43 ～ 7/22 22:30
2026	6/21 17:26 ～ 7/23 4:13
2027	6/21 23:12 ～ 7/23 10:05

生まれた年	期間
1978	6/22 3:10 ～ 7/23 13:59
1979	6/22 8:56 ～ 7/23 19:48
1980	6/21 14:47 ～ 7/23 1:41
1981	6/21 20:45 ～ 7/23 7:39
1982	6/22 2:23 ～ 7/23 13:14
1983	6/22 8:09 ～ 7/23 19:03
1984	6/21 14:02 ～ 7/23 0:57
1985	6/21 19:44 ～ 7/23 6:35
1986	6/22 1:30 ～ 7/23 12:23
1987	6/22 7:11 ～ 7/23 18:05
1988	6/21 12:57 ～ 7/22 23:50
1989	6/21 18:53 ～ 7/23 5:45
1990	6/22 0:33 ～ 7/23 11:21
1991	6/22 6:19 ～ 7/23 17:10
1992	6/21 12:14 ～ 7/22 23:08
1993	6/21 18:00 ～ 7/23 4:50
1994	6/21 23:48 ～ 7/23 10:40
1995	6/22 5:34 ～ 7/23 16:29
1996	6/21 11:24 ～ 7/22 22:18
1997	6/21 17:20 ～ 7/23 4:14
1998	6/21 23:03 ～ 7/23 9:54
1999	6/22 4:49 ～ 7/23 15:43
2000	6/21 10:48 ～ 7/22 21:42
2001	6/21 16:39 ～ 7/23 3:26
2002	6/21 22:25 ～ 7/23 9:15

石井ゆかり（いしい・ゆかり）

ライター。星占いの記事やエッセイなどを執筆。

12星座別に書かれた「12星座シリーズ」（WAVE出版）は、120万部を超えるベストセラーになった。『月で読む　あしたの星占い』（すみれ書房）、『12星座』『星をさがす』（WAVE出版）、『禅語』『青い鳥の本』（パイインターナショナル）、『新装版　月のとびら』（CCCメディアハウス）、『星ダイアリー』（幻冬舎コミックス）ほか著書多数。

LINE公式ブログで毎日の占いを無料配信しているほか、インスタグラム（@ishiiyukari_inst）にて「お誕生日のプチ占い」を不定期掲載。

毎晩、録り溜めた『岩合光昭の世界ネコ歩き』を30分ずつ見てから寝る。ネコは飼っていない。

Webサイト「筋トレ」http://st.sakura.ne.jp/~iyukari/

参考文献

『完全版 日本占星天文暦 １９００年－２０１０年』魔女の家ＢＯＯＫＳ

『増補版 21世紀占星天文暦』魔女の家ＢＯＯＫＳ　ニール・Ｆ・マイケルセン

『Solar Fire・gold Ver.9』（ソフトウエア）Esoteric Technologies Pty Ltd.

[本書で使った紙]

本文	アルトクリームマックス
表紙	ブンペル ソイル
カバー・帯	ヴァンヌーボV ホワイト
別丁扉	タント O-52
折込図表	タント R-11

すみれ書房
石井ゆかりの本

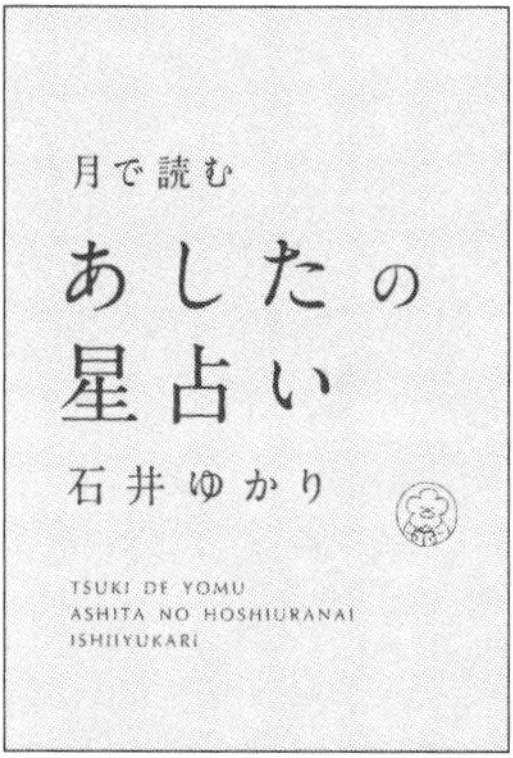

月で読む あしたの星占い

定価 本体1400円＋税
ISBN978-4-909957-02-3

簡単ではない日々を、
なんとか受け止めて、乗り越えていくために、
「自分ですこし、占ってみる」。

石井ゆかりが教える、いちばん易しい星占いのやり方。
「スタートの日」「お金の日」「達成の日」ほか12種類の毎日が、2、3日に一度切り替わる。膨大でひたすら続くと思える「時間」が、区切られていく。あくまで星占いの「時間の区切り」だが、そうやって時間を区切っていくことが、生活の実際的な「助け」になることに驚く。新月・満月についても言及した充実の1冊。 イラスト：カシワイ ブックデザイン：しまりすデザインセンター

3年の星占い　蟹座
2021年－2023年

2020年12月10日第1版第1刷発行
2021年10月26日　　　第6刷発行

著者
石井ゆかり

発行者
樋口裕二

発行所
すみれ書房株式会社
〒151-0071　東京都渋谷区本町6-9-15
https://sumire-shobo.com/
info@sumire-shobo.com〔お問い合わせ〕

印刷・製本
中央精版印刷株式会社

ISBN978-4-909957-10-8　Printed in Japan
NDC590　159p　15cm